Carla Häfner | Mieke Scheier

IN DER TIERARZT-PRAXIS

Entdecke die spannende Welt der Tiermedizin

KNESEBECK

DANKE

Carla Häfner: Es gibt eine Reihe an Menschen, denen ich zu danken habe. Allen voran meiner Tochter Paula, die mir durch ihre Begeisterung für die Tiermedizin die Inspiration gegeben hat, dieses Buch zu schreiben! Danke meiner Schwester Angie für die Buch-Diskussion bis tief in die Nacht, bei der schließlich Ylvie als Hauptfigur „geboren" wurde. Und Danke an den Rest der Familie für die Geduld, wenn ich gerade mal wieder tief in Gedanken zusammen mit Ylvie und Hanna in der Tierarztpraxis unterwegs war.

Herzlich danken möchte ich zudem Nina Balke, Markus Geier, Maike Glien, Anni Prislin und Kerstin Sauerbrey und dem Team von der Wildtierhilfe BW für all die guten Hinweise und Bemerkungen zum Manuskript.

Danke auch an Antonina Schöning von der Vetalab GmbH für den spannenden Einblick in ein veterinärmedizinisches Labor. Ein ganz besonders großes Dankeschön geht schließlich noch an Christoph Ganal, dass ich in seiner Klinik hospitieren und so den Alltag in einer Tierklinik kennenlernen durfte. Ohne diese Erfahrung hätte ich dieses Buch nicht schreiben können!

Mieke Scheier: Ich danke meiner Familie für ihr Verständnis, ihre Geduld und das Mutmachen, Mone für den inspirierenden Austausch und ihr besonderes Gespür für Formen und Farben, Marika für ihre fortwährende Unterstützung und ihre typografische Hilfe, Mirko für tausend Blicke über die Schulter von der ersten Skizze bis zur letzten Zeichnung, Tanja und Ines für ihr gestalterisches Auge und ihr wertvolles Feedback sowie Sasha, Tomke, Moritz und dem Rest aus der Rosenallee für all die Anregungen und die Beratung.

Deutsche Originalausgabe
3. Auflage 2026

Holzstraße 26, 80469 München
sekretariat@knesebeck-verlag.de
Ein Unternehmen der Média-Participations

Projektleitung und Lektorat: Melanie Schöni, Knesebeck Verlag
Fachlektorat: Dr. Ulrike Clausen, Potsdam
Umschlaggestaltung und Layout: Mieke Scheier, Hamburg
Satz: Mieke Scheier, Marika Haustein
Herstellung: Arnold & Domnick, Leipzig
Druck: Druckerei Dimograf Sp z o.o.
Printed in Poland

ISBN 978-3-95728-772-4

www.knesebeck-verlag.de

MIX
Papier | Fördert gute Waldnutzung
FSC www.fsc.org FSC® C018236

INHALT

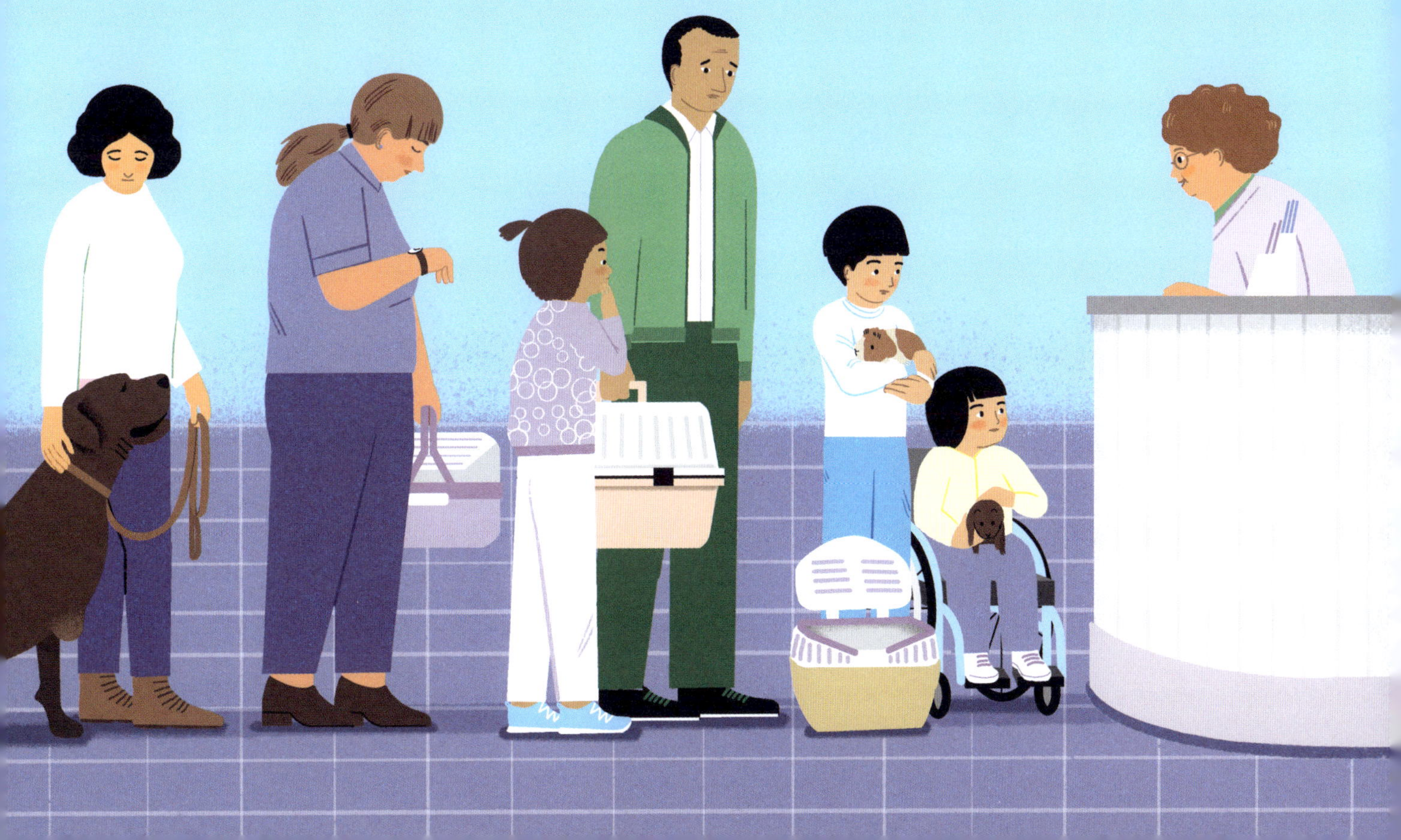

HALLO, ICH BIN YLVIE!

Mein Name bedeutet „kleine Wölfin“. Und dieser Name passt perfekt zu mir. Denn ich liebe Wölfe. Ich liebe überhaupt alle Tiere! Wenn ich groß bin, möchte ich einmal Tierärztin werden. Das weiß ich schon ganz lange. Denn die Tiere und ich – wir gehören zusammen.

Und nun muss ich dir etwas erzählen. Eine Freundin meiner Mama arbeitet in einer Tierarztpraxis. Sie heißt Hanna und ist total nett. Neulich hat sie mich gefragt, ob ich nicht Lust hätte, in den Ferien ein Praktikum bei ihr zu machen. Na klar hatte ich Lust! So kam es also, dass ICH, YLVIE, KLEINE WÖLFIN, eine Woche in einer Tierarztpraxis mitarbeiten durfte. Du kannst dir gar nicht vorstellen, was ich alles gelernt habe – über die Tiere, ihre Behandlung und meinen absoluten Traumberuf: Tierärztin! Nun will ich dir davon berichten, wie der Alltag in einer Tierarztpraxis aussieht.

?

Und ich habe auch Aufgaben und Fragen für dich. Die Antworten dazu findest du am Ende dieses Buches.

In **Hannas Praxis** werden alle möglichen Tiere behandelt: kleine und große, häufige und seltene Haustiere und manchmal sogar Wildtiere. Die **Kleintiere**, zu denen Heimtiere wie Kaninchen, Meerschweinchen und Maus, aber auch Katze und Hund gehören, werden von den Besitzern in die Praxis gebracht. **Großtiere** wie Pferde, Kühe, Schweine und Schafe werden zu Hause besucht und vor Ort vom Tierarzt oder der Tierärztin untersucht und behandelt. Dafür werden in einem kleinen Bus, dem Tierarztmobil, Untersuchungsgeräte, Laborausrüstung, Medikamente und alles, was sonst noch benötigt wird, einfach mitgebracht.

Jetzt will ich dir unbedingt noch vorstellen, wer in der Praxis arbeitet:

Leon *ist Tierarzt für Großtiere. Er betreut die umliegenden Bauernhöfe. Mit dem Tierarztmobil ist er fast immer unterwegs auf Hausbesuchen und fährt von Stall zu Stall.*

Hanna *behandelt in der Praxis die Kleintiere.*

Rosa *behandelt vorwiegend die Reptilien und die Vögel.*

Ravi *ist in der Praxis für die Kleintiere zuständig, hat sich aber auf einen Bereich spezialisiert, den man Chirurgie nennt. Dabei geht es um das Operieren von Tieren. Er kümmert sich daher meist um die Operationen (OPs).*

Mara, Jan, Silvi *und* **Martina** *sind tiermedizinische Fachangestellte, kurz TFAs. Sie unterstützen die Tierärztinnen und Tierärzte in den Untersuchungszimmern und im OP, sind für die Aufnahme der Telefonanrufe und die Organisation der Sprechstunde zuständig. Auch im Labor übernehmen sie viele Tätigkeiten.*

EIN TRAKTORUNFALL

Morgens treffen sich alle im Arztzimmer, um sich kurz zu besprechen. Nur Leon ist nicht dabei. Er ist schon unterwegs auf Hausbesuchen. Die Sprechstunde ist bereits gefüllt mit Terminen, und im Wartezimmer trudeln die ersten Patienten mit ihren Herrchen und Frauchen ein. Der 9-jährige Toni, ein Border Collie, mit **Verdacht auf einen Knochenbruch** wartet im Untersuchungszimmer 1. Er ist heute mit dem Bauern aufs Feld gefahren und dabei plötzlich vom fahrenden Traktor heruntergesprungen. Er ist nicht sonderlich sanft aufgekommen.

Hanna erklärt mir, dass beim **Röntgen** der Körper mit besonders energiereichen Strahlen (Röntgenstrahlen) durchleuchtet wird. Die Knochen lassen sich dabei gut darstellen, weil sie hell erscheinen. Wir können also Bilder vom Inneren unseres Körpers machen.

TONI WIRD OPERIERT

Die OP macht Ravi, da er darin besonders gut und erfahren ist. Sie findet in einem speziellen OP-Raum statt. Damit Toni von der OP nichts mitbekommt, erhält er ein Medikament, das ihn zum Schlafen bringt. Man nennt das **Narkose**.

Während der OP werden die Knochenenden aufeinandergesetzt und der Knochen mit einer Platte stabilisiert. So können die getrennten Knochenenden wieder zusammenwachsen. Die Platten werden mit Schrauben am Knochen befestigt. Am Ende der OP wird noch einmal ein Röntgenbild gemacht, um zu kontrollieren, ob auch alles richtig liegt.

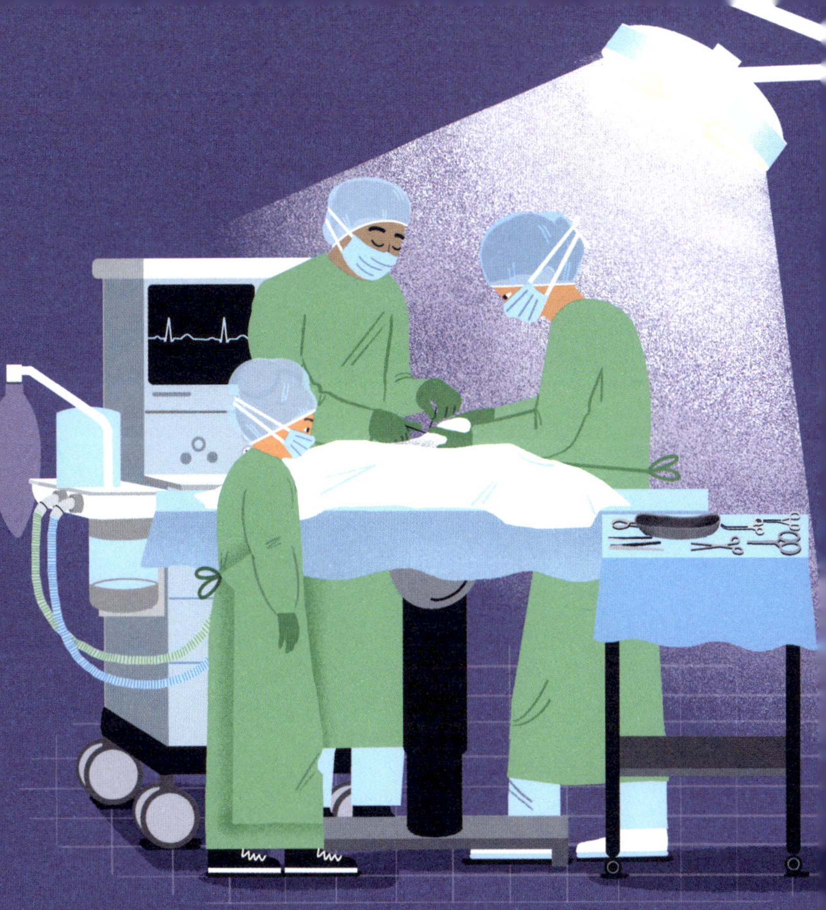

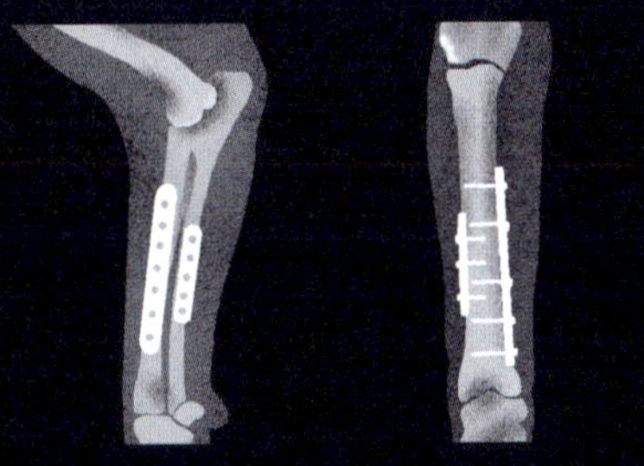

Die Röntgenbilder zeigen, dass die Knochenenden nach der OP wieder gut aufeinandersitzen.

Nach der OP bleibt Toni noch einige Stunden im Aufwachraum. Dann darf er zurück nach Hause. Toni bekommt ein Medikament gegen Bakterien (Antibiotikum) und ein Schmerzmittel mit. Und ein Kühlpad für sein Bein! Die Kälte wirkt abschwellend und schmerzlindernd. Toni muss sich jetzt schonen, damit alles ordentlich zusammenwachsen kann. Für die ersten Tage soll Toni eine Halskrause tragen. Denn er soll seine Wunde nicht ablecken.

?

SKELETT

Hanna zeigt mir an der Wand ein Plakat mit dem Skelett (den Knochen) von einem Hund. Ich soll Tonis Röntgenbild mit dem Plakat vergleichen und herausfinden, welche Knochen gebrochen sind.

Na, hast du eine Idee? Auf Seite 60 findest du die Auflösung!

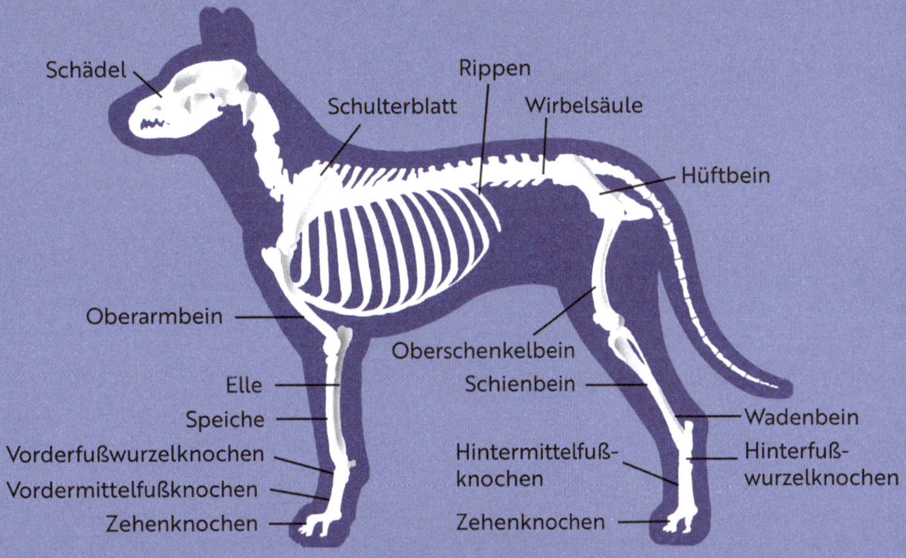

DIE KNOCHEN

Als die Sprechstunde zu Ende ist, erzählt Hanna mir noch mehr über **die Knochen**: „Ohne sie würden wir ineinander zusammenfallen wie ein weicher Pudding! Unsere Knochen geben uns **Stabilität und Form**.
Sie schützen auch unsere inneren Organe. Das Brustbein und die Rippen schirmen zum Beispiel das Herz und die Lunge ab. Ohne Knochen könnten wir uns auch nicht bewegen. Denn an den Knochen sind die Muskeln, die für unsere Bewegungen verantwortlich sind, festgemacht. Über sogenannte Sehnen. Unsere Knochen sind also richtig wichtig!"
Hanna zieht ein dickes Buch mit dem Titel „Anatomie" aus dem Regal. Dort gibt es Abbildungen von Knochen, Muskeln und Organen verschiedener Tiere.

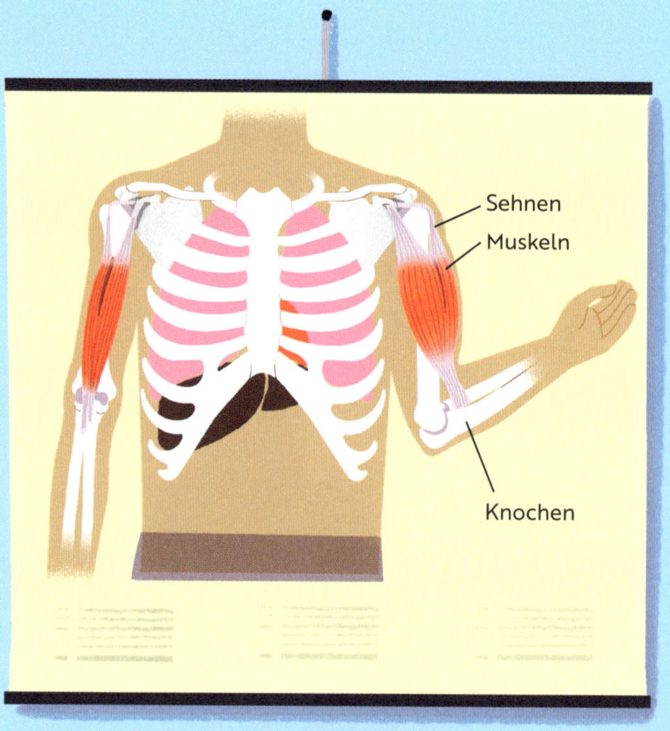

?

Hanna zeigt auf ein paar **Skelette**. Ich soll raten, zu welchen Tieren sie gehören. **Na, weißt du es? Auf Seite 60 findest du die Auflösung!**

Auf Seite 60 findest du die Auflösung!

Schwein **Pferd** **Ratte** **Huhn** **Kuh** **Ziege** **Schaf** **Kaninchen**

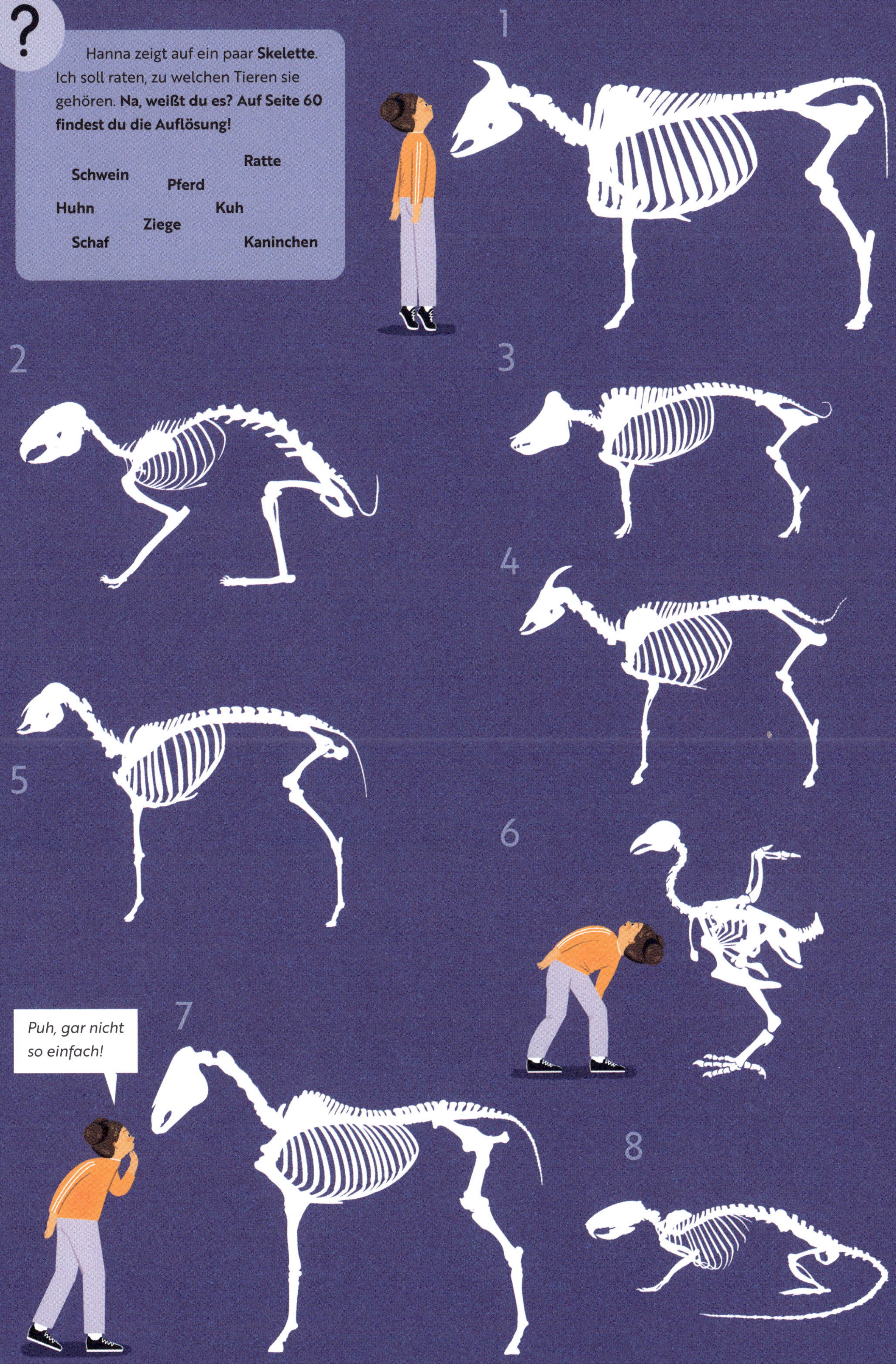

DIE GELENKE

Die Verbindungen zwischen den Knochen nennen wir Gelenke. Die meisten Gelenke erlauben Bewegungen. Denke zum Beispiel an dein Kniegelenk, das die Knochen des Ober- und Unterschenkels miteinander verbindet. Das Knie kannst du beugen und strecken. Bewege deine Finger! Auch das ist nur aufgrund der Gelenke zwischen den Fingerknochen möglich. Die Knochenenden im Bereich des Gelenks sind mit **Knorpel** überzogen. Das ist ein glattes, elastisches Material. Um das Gelenk herum gibt es eine **Gelenkkapsel**, die das Gelenk nach außen abschließt. Der Spalt zwischen den Knochen ist mit **Gelenkflüssigkeit** gefüllt. So können sich die Knochen gegeneinander bewegen, ohne dass es reibt. Die zwei Knochenenden passen von der Form her perfekt zueinander.

Das ist die linke Vorderpfote einer Katze. Sie entspricht unserer linken Hand. Hier sieht alles normal aus. ***Gelenke können aber auch erkranken*** *und sich zum Beispiel abnutzen und entzünden. Dadurch kommt es zu Veränderungen, die man im Röntgenbild gut sehen kann.*

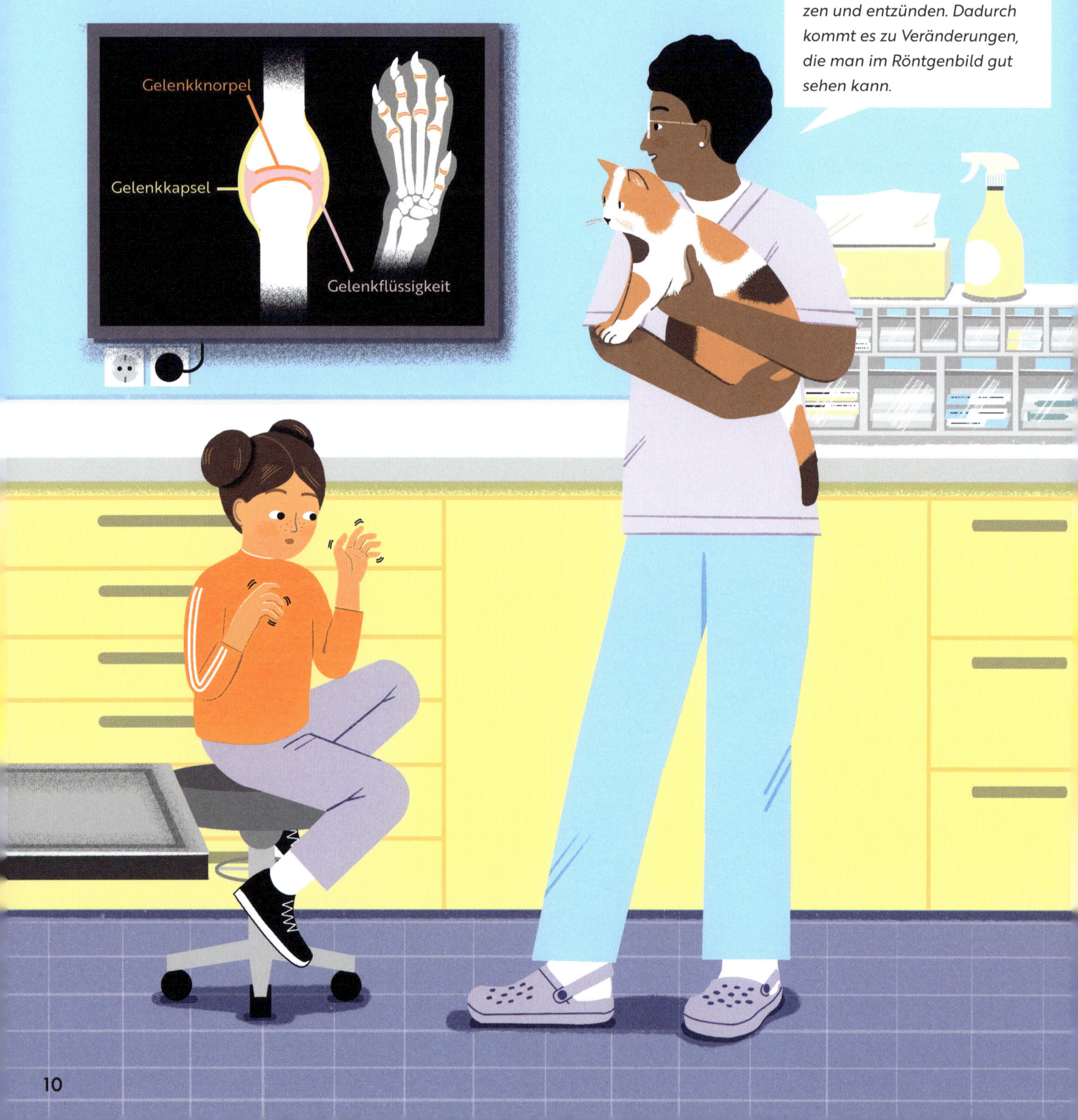

Das ist die **Vorderpfote einer schottischen Faltohrkatze.** Die Spalten zwischen den Knochenenden sind hier nicht mehr klar erkennbar, und die Knochenenden sind stark verdickt. Insgesamt sind die Knochen auch kürzer und breiter als normal.
Und woher kommen diese Veränderungen?
Faltohrkatzen haben einen vererbten Fehler in der Bildung von Knochen und Knorpel. Daher kommt es zu den verformten Knochen. Und zu den **Gelenkveränderungen**. Denn der fehlerhafte Knorpel geht schneller kaputt. Die glatten Knorpeloberflächen in den Gelenken werden dann huckelig. Und wenn solch huckelige Oberflächen aufeinandertreffen, kannst du dir vorstellen, dass das ordentlich reibt. Der Knorpel wird immer dünner, bis die Knochenenden irgendwann direkt aufeinander reiben. Das zerstört den Knochen. Als Reaktion wird mehr Knochen gebildet. Und die Gelenke entzünden sich. Sie schwellen an, werden heiß und schmerzen bei jeder Bewegung. Die Zucht dieser Rasse ist daher in einigen Ländern mittlerweile verboten. Glücklicherweise.

EXTREME ZÜCHTUNGEN

Wir Menschen züchten uns unsere Haustiere so, wie wir sie besonders schön oder niedlich finden. Doch leider übertreiben wir es dabei manchmal. Dann züchten wir die Tiere so sehr ins Extrem, dass sie dadurch krank werden. Für die Tiere bedeutet das häufig ein Leben mit Qualen. Man spricht daher von **Qualzuchten**.

Dass wir Menschen die Tiere gezielt so züchten, dass sie krank sind und leiden müssen, nur weil uns das Aussehen dann besonders gefällt? Das kann nicht richtig sein. Solche Extremzüchtungen sollte man erst gar nicht als Haustiere kaufen, um die Zucht dieser Tiere nicht weiter zu fördern.

Die platte Nase bei Rassen wie **Mops**, **Französischer oder Englischer Bulldogge** sieht vielleicht niedlich aus. Doch gelangt dann nicht genug Luft durch die Nase, und die Hunde haben eine ständige Atemnot. Bei Wärme oder wenn sie viel laufen müssen, wird ihnen rasch zu heiß, weil sie nicht richtig hecheln und sich daher nicht gut abkühlen können. Die Körpertemperatur steigt dann an, was schnell lebensgefährlich wird. Selbst das normale Fressen fällt diesen Hunden schwer, weil ihr Gebiss durch den kurzen Kopf häufig fehlgebildet ist.

Die Schlappohren der **Englischen Widderkaninchen** sind so lang, dass sie ständig über den Boden schleifen. Die Ohren sind dann häufig wund und entzünden sich. Außerdem können sich diese Kaninchen kaum normal bewegen, da sie beim Hoppeln auf ihre Ohren treten.

Eine **Sphinx-Katze** hat kein Fell und keine Tasthaare. Diese Nacktkatze hat ein außergewöhnliches Aussehen. Dafür muss sie aber frieren und bekommt rasch Sonnenbrand. Außerdem hat sie mit den fehlenden Tasthaaren Schwierigkeiten, sich in ihrer Umgebung zurechtzufinden, und kann sich auch nicht gut mit anderen Katzen „unterhalten".

Ja, da hat Hanna recht. Ich frage mich, warum diese Rassen dennoch so beliebt sind. Bestimmt ist vielen Menschen gar nicht klar, was für Leiden ihre Haustiere aushalten müssen.

Manche Hunderassen wie der **Shar Pei** zeichnen sich durch eine besonders starke Faltenbildung aus.
Doch führen die gezielt angezüchteten Falten zu ständigen Entzündungen der Haut.

Einige Hunderassen (z. B. der **Basset** oder der **Bluthund**) können ihre Augen nicht richtig schließen, weil die Lider herunterhängen. Man nennt das **Ektropium**. Dadurch kommt es zu ständig tränenden Augen und einer Entzündung der Bindehaut des Auges. Das tut weh.

VON FIESEN ZAHNFRESSERN

Heute Morgen steht der Besuch von Kater Kasimir im Kalender. „Das wird lange dauern", seufzt Hanna beim ersten Blick in den Kalender. Da werde ich aber neugierig. „Was hat Kasimir denn?", will ich wissen. „Er hat eine Erkrankung, die man **RL** nennt", erklärt Hanna, „RL steht für resorptive Läsionen. Häufig wird die Erkrankung auch **FORL** genannt. Sie führt dazu, dass sich die Zähne auflösen. Etwa jede dritte Katze ist davon betroffen, im Alter sogar jede zweite."

Wie auch Kater Kasimir. Er frisst nicht gut. Hartes Futter mag er gar nicht mehr. Beim Kauen hält er den Kopf seltsam schief und frisst nur auf einer Seite. Er scheint Schmerzen zu haben. Das muss nun genauer untersucht werden.

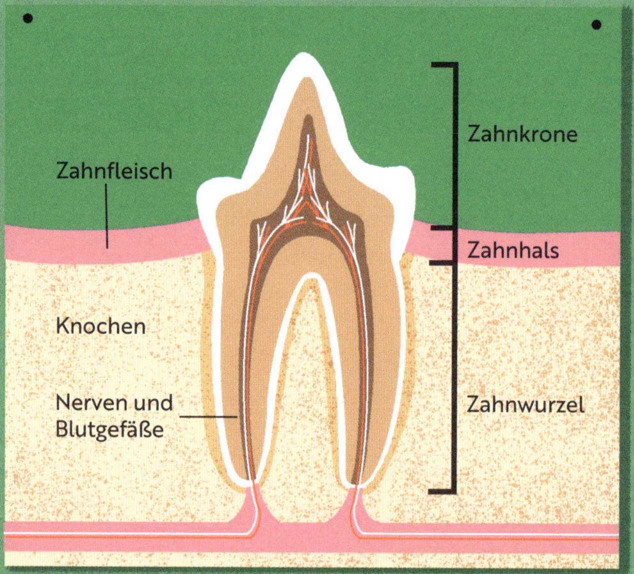

Eine genaue Untersuchung der Zähne ist bei einer Katze nur unter Narkose möglich. Kasimir wird also schlafen gelegt. Zuerst wird der **Zahnstein** (der feste Zahnbelag) entfernt. Dann macht Hanna Röntgenbilder von den Zähnen.

Ich bin geschockt: „So viele Zähne mit Löchern!“ „Aber Kasimirs Löcher“, erklärt mir Hanna, „haben nichts mit der **Karies** zu tun, die bei uns die Löcher in die Zähne macht und durch Bakterien und Zucker verursacht wird. Bei Kasimir sind es seine eigenen Zellen, die plötzlich verrücktspielen und die Zähne anfressen. **Odontoklasten** heißen die Übeltäter! Eigentlich haben diese Zellen die Aufgabe, bei den Milchzähnen die Wurzeln aufzulösen und diese verschwinden zu lassen. So können sie rausfallen und die bleibenden Zähne nachwachsen. Warum die Odontoklasten dann später plötzlich auch die bleibenden Zähne anknabbern? Wenn man das so genau wüsste! Leider kann man wenig gegen die Zahnfresser tun. Es bleibt nur das Ziehen der Zähne. Und damit sollte man nicht lange warten. Denn die betroffenen Katzen haben schlimme Zahnschmerzen.“ Hanna macht sich daran, die **kranken Zähne** einen nach dem anderen zu ziehen. Knappe zwei Stunden später ist sie fertig. Dann macht sie neue Röntgenbilder. Denn sie will sicher sein, dass die Zähne komplett entfernt wurden. Sonst können sie weiter Schmerzen verursachen. Die Bilder sehen gut aus. Hanna ist erleichtert. Nun darf Kasimir sich noch gemütlich ausschlafen, bevor er wieder nach Hause kann.

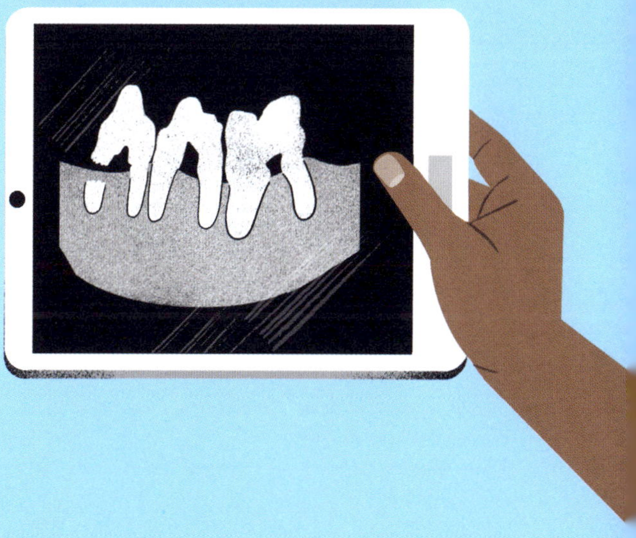

ICH GUCK DIR INS MAUL UND WEISS, WAS DU FRISST...

Wenn du das Gebiss eines Tieres siehst, kannst du meist schon recht sicher sagen, wovon sich das Tier ernährt. Denn das Gebiss ist an die **Ernährungsgewohnheiten** des Tieres angepasst.

Wir haben sehr viele Patienten mit Zahnproblemen. Es ist wichtig, sich hier gut auszukennen.

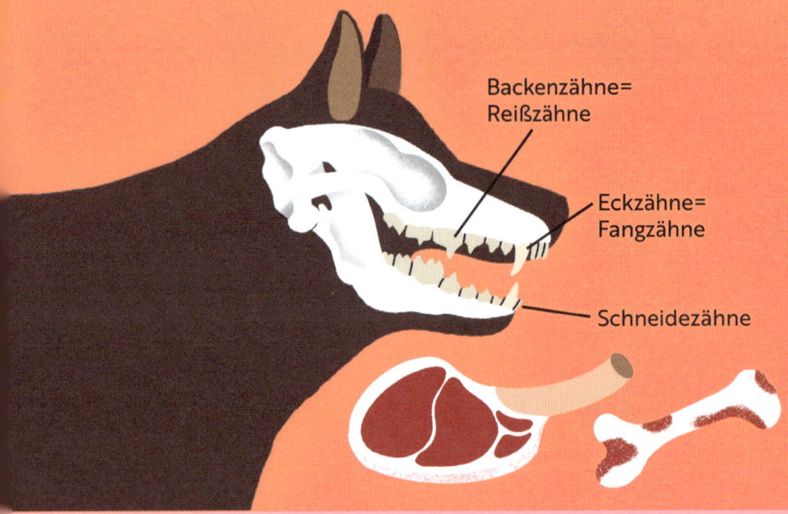

FLEISCHFRESSER

Hunde und Katzen gehören zu den **Fleischfressern** und haben ein typisches Fleischfressergebiss. Bestimmt fallen dir sofort die **großen, spitzen Eckzähne** auf. Mit ihnen wird die Beute festgehalten. Die **Backenzähne** sind zu scharfen, dolchartigen Reißzähnen umgebildet, mit denen das Fleisch vom Knochen abgerissen und der Knochen aufgebrochen werden kann. Die Schneidezähne werden zum Abschaben der Knochen genutzt.

NAGETIERE

Nagetiere wie Kaninchen, Meerschweinchen, Ratten, Hamster und Mäuse sind Pflanzenfresser. Auffallend sind die **zwei kräftigen langen Schneidezähne** oben und unten. Die **Backenzähne** haben besonders breite Kauflächen. Damit wird die Pflanzennahrung fein zermahlen. Die Eckzähne fehlen. Denn sie haben beim Pflanzenfresser keine Funktion. Die Zähne der Nager wachsen das ganze Leben lang. Durch die Abnutzung beim Nagen und Kauen werden sie ständig gekürzt. Sonst würden sie zu lang werden!

WIEDERKÄUER

Auch **Wiederkäuer** wie Kühe, Schafe, Ziegen und Alpakas sind Pflanzenfresser. Du siehst hier wieder die für Pflanzenfresser typischen Backenzähne mit breiten Kauflächen. Und auch hier fehlen die Eckzähne. Statt der oberen Schneidezähne haben die Wiederkäuer eine **Hornplatte**. Zusammen mit den unteren Schneidezähnen funktioniert sie wie eine Art Zange. Grashalme lassen sich damit besonders gut rupfen.

?

Und dann zeigt Hanna mir zwei weitere Schädel. Aber dieses Mal sagt sie nicht, zu welchen Tieren sie gehören, und auch nicht, wovon sich diese Tiere ernähren. Das soll ich selbst erraten! **Weißt du es? Auf Seite 60 findest du die Auflösung!**

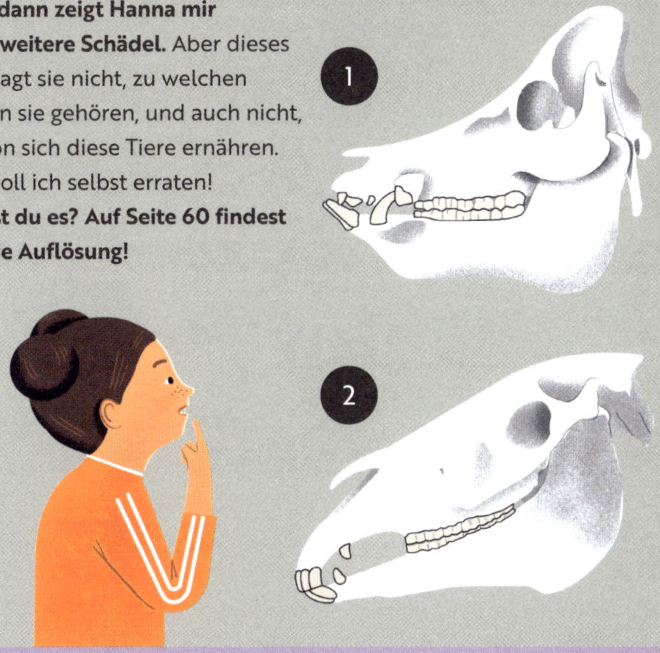

Das ist Mümmel, ein 9 Monate altes Zwergkaninchen. Die Zähne sehen gruselig aus. Ob ich eine Idee habe, wie es dazu kommen konnte, will Hanna wissen. Und ja, die habe ich. Du auch? **Auf Seite 60 findest du die Auflösung!**

SPANNENDES RUND UM ZÄHNE

Alle Säugetiere haben zuerst Milchzähne und erst dann bleibende Zähne. Wie wir Menschen! Manchmal fallen die Milchzähne nicht von selbst heraus. Sie müssen dann gezogen werden.

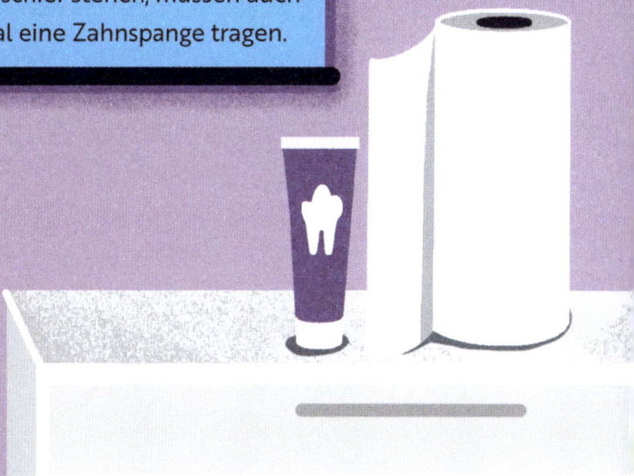

Tägliches **Zähneputzen** ist nicht nur für uns Menschen wichtig. Auch für Hunde und Katzen wird tägliches Zähneputzen empfohlen. Beim Hund gibt es Karies, wie bei uns. Die Katze bekommt keine Karies. Das Zähneputzen ist aber dennoch wichtig, um die Entstehung von Zahnbelägen und Entzündungen im Mund zu verhindern.

ALS DETEKTIVE UNTERWEGS

Um herauszufinden, was ein Tier hat, muss man wie ein Detektiv arbeiten. Manchmal reicht ein Blick, um zu erkennen, was dem Tier fehlt. Aber meistens benötigt man noch weitere Informationen. Sei es ein Röntgenbild, mit dem man die Knochen im Inneren anschauen kann, oder ein Ultraschall, mit dem die Organe im Körper sichtbar gemacht werden. Oder eben Laboruntersuchungen! Und daher gehört zur Praxis auch ein kleines eigenes Labor.

Einen Tropfen Blut kann man auf einem Glasplättchen ausstreichen, es färben und dann unter dem Mikroskop (also in starker Vergrößerung) anschauen. Plötzlich erkennt man, dass das Blut nicht nur eine Flüssigkeit ist, sondern dass darin Zellen schwimmen, sogenannte **Blutzellen**. Die vielen kleinen, in der Mitte eingedellten Zellen sind die **roten Blutkörperchen**. Sie transportieren Sauerstoff und Nährstoffe im Körper. Die größeren Zellen mit dunkel angefärbtem Gebilde (Kern) im Inneren sind die **weißen Blutkörperchen**. Sie gehören zur Körperabwehr und werden aktiv, wenn Krankheitserreger in den Körper eindringen. Dazwischen sind noch dunkelviolett gefärbte „Pünktchen" zu erkennen. Das sind die **Blutplättchen**. Sie werden gebraucht, wenn wir uns verletzen. Damit sich die Wunde wieder verschließt. Unter dem Mikroskop kann man sich die Form und das Aussehen der einzelnen Blutzellen anschauen. Veränderungen können Hinweise auf Erkrankungen liefern. Wenn von einem speziellen Zelltyp oder einem bestimmten Stoff zu viel oder zu wenig vorhanden ist, kann das ein Indiz dafür sein, dass etwas im Körper nicht stimmt. Zusätzlich wird die Info geliefert, wo (in welchem Organ) das Problem ist.

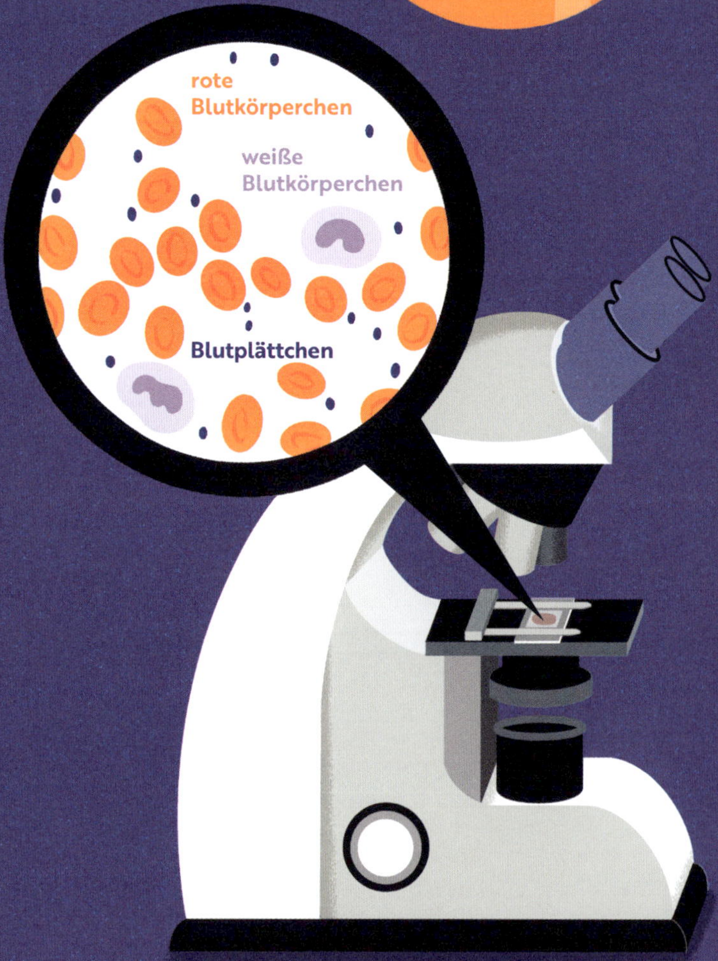

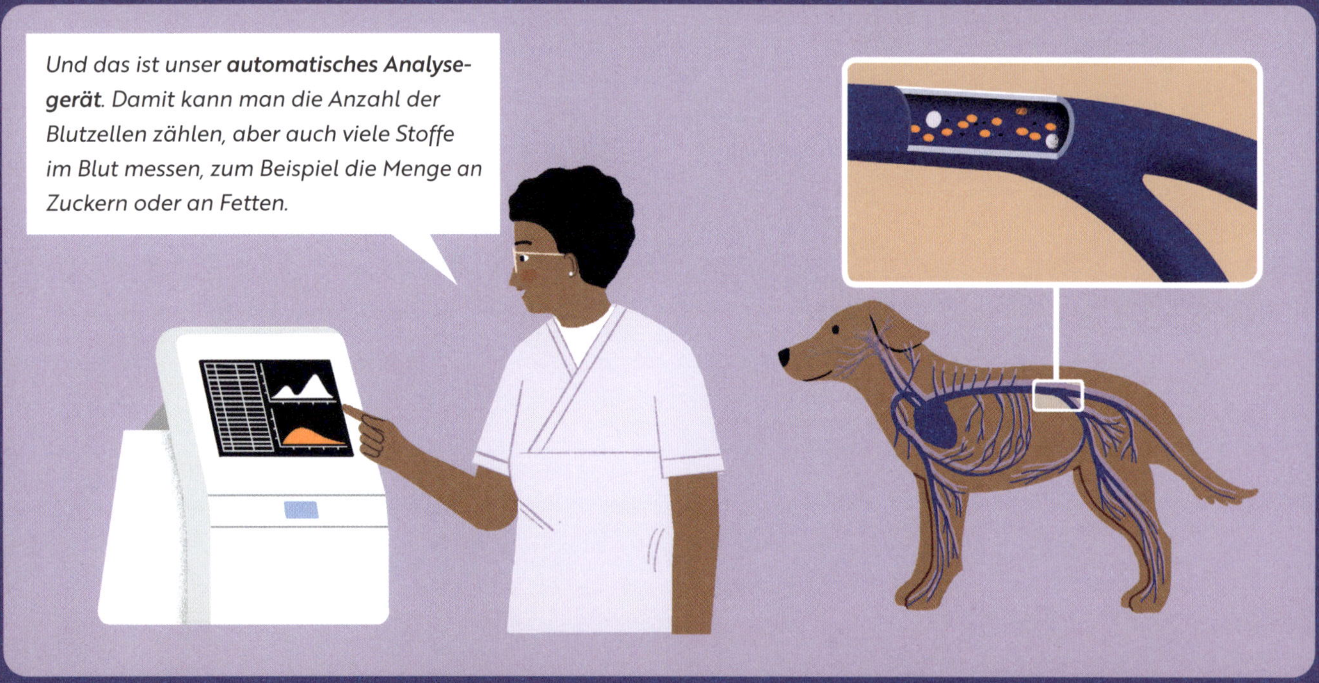

Mit speziellen Teststreifen kann Urin untersucht werden.

Im **Urin** können weitere Informationen gesammelt werden, besonders über die Nieren (wo der Urin entsteht) und die Harnblase (wo er gespeichert wird). Farbe und Geruch können Hinweise liefern, dass etwas nicht in Ordnung ist. Und wie im Blut lässt sich auch hier die Menge an bestimmten Stoffen oder Zellen messen.

Sogar den **Kot** kann man untersuchen. Du wirst nicht glauben, was man im Abfall des Darms manchmal entdecken kann! Winzig kleine Lebewesen und Eier von Würmern, die dort eigentlich nichts zu suchen haben und Krankheiten verursachen können. Unter dem Mikroskop kann man erkennen, mit welchen Übeltätern man es genau zu tun hat.

Auch auf der Haut können wir Krankheitserreger, wie **Bakterien, Pilze oder Parasiten**, finden. Sie lassen sich zum Beispiel mit einem Abklatschpräparat nachweisen. Das kannst du auch probieren! Dafür drückst du ein Stück Tesa auf die Haut und ziehst es wieder ab. Dann klebst du das Tesa auf ein Glasplättchen und guckst es unter einem Mikroskop an. So einfach geht das! Oder du machst einen Abstrich. Dafür streichst du mit einem Wattetupfer über die Haut oder über eine Wunde. Das Material kannst du nun auch auf ein Glasplättchen streichen.

Parasiten sind ziemlich fiese Schmarotzer. Sie stehlen Nährstoffe von dem Lebewesen auf dem (oder in dem) sie wohnen. Sie leben also auf Kosten des anderen Lebewesens und können es dadurch krank machen. Es gibt Parasiten, die leben im Blut. Andere befallen den Darm oder wohnen auf der Haut.

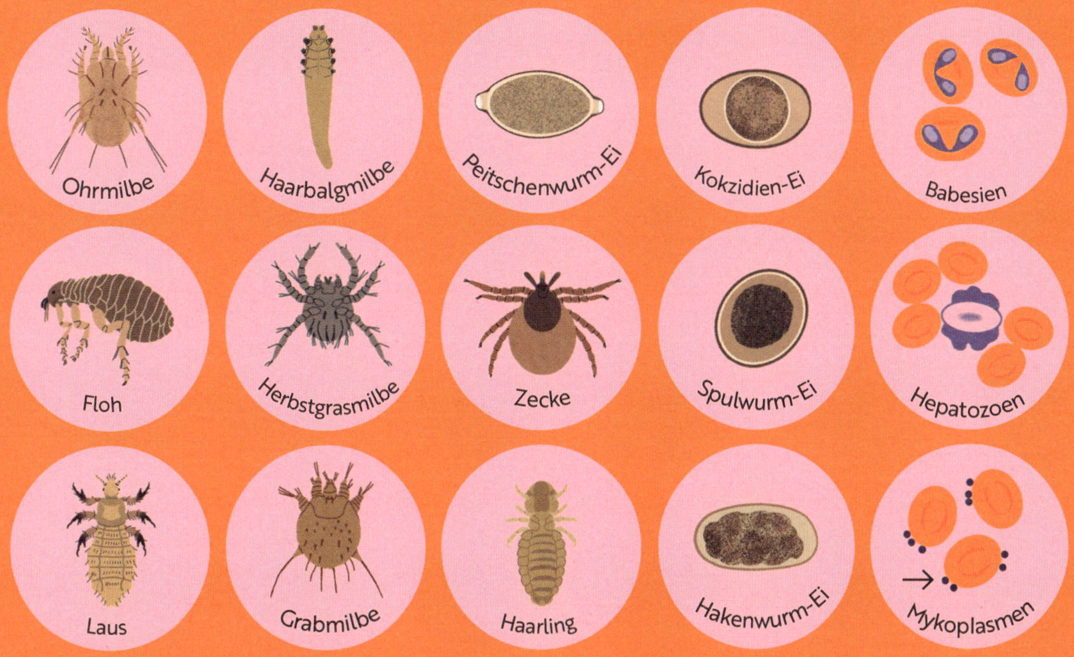

PLÖTZLICHES FIEBER

„Oje", sagt Hanna, als der 5-jährige Mischlingshund Pino ins Untersuchungszimmer kommt, „der ist ja richtig matt und erschöpft." Die Besitzerin nickt und erzählt besorgt: „Seit gestern hat Pino **hohes Fieber,** will nichts mehr fressen und sich nicht mehr bewegen."
Hanna fällt sofort auf, dass das Weiß in den **Augen gelb verfärbt** ist. Und noch etwas ist seltsam: **Sein Urin ist dunkelbraun**. Wie Cola sieht er aus! Hanna fragt, ob bei Pino in letzter Zeit eine Zecke gefunden wurde. Und tatsächlich! Die Besitzerin hat vor ein paar Tagen eine Zecke in Pinos Fell entfernt. Hanna hat einen dringenden Verdacht und sammelt etwas Blut (dafür ritzt sie ganz leicht in die Haut von Pinos Ohr). Als sie sich das Blut unter dem Mikroskop anschaut, weiß sie, was Pino hat.

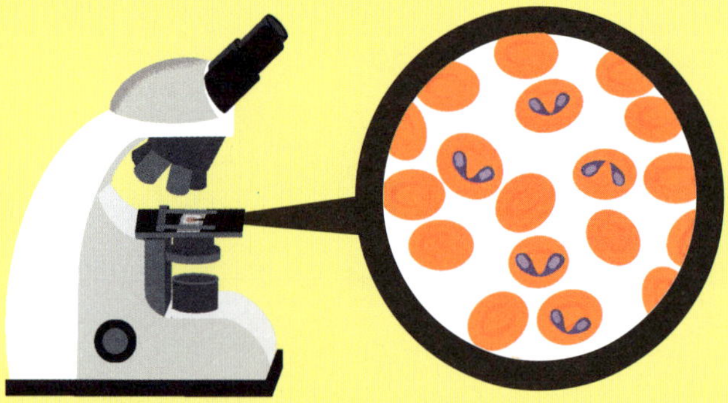

Auch ich darf gucken. „Na, fällt dir etwas auf, Ylvie?", fragt Hanna gespannt. Ja, das tut es! In einigen roten Blutkörperchen hat sich etwas versteckt, was da nicht hingehört. Kleine Parasiten! Pino erhält nun erst einmal etwas Flüssigkeit über eine Vene, um den Kreislauf zu unterstützen. Man sagt auch: Er bekommt eine **Infusion**.

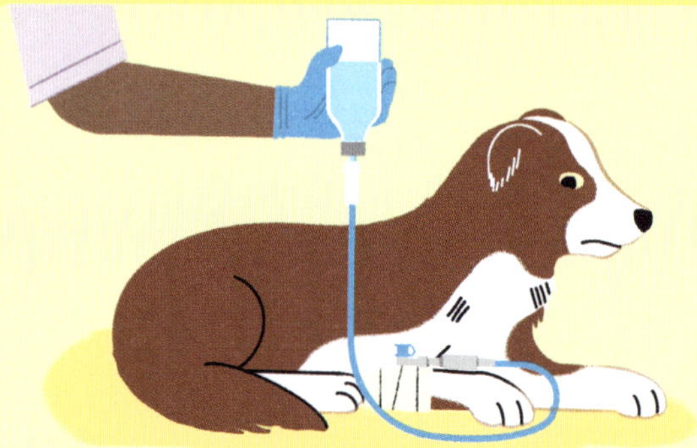

Infusion
Mit einer Nadel wird in ein Blutgefäß (genauer: eine Vene) gepikst und dann ein dünner Schlauch in das Gefäß vorgeschoben. Nun kann ein Medikament als Flüssigkeit in das Gefäß und von dort in den ganzen Körper gebracht werden.

Außerdem erhält er eine **Spritze** mit einem Medikament gegen die Parasiten. In zwei Wochen muss Pino noch einmal in die Praxis kommen für eine zweite Spritze. Danach sind hoffentlich alle Parasiten verschwunden.

?

Guck mal auf dem Plakat auf der vorherigen Seite, ob du herausfindest, wie die Parasiten heißen. **Auf Seite 60 findest du die Auflösung** und erfährst noch etwas mehr zu den kleinen Schmarotzern und der Krankheit, die sie verursachen.

DAS JUCKT!

In Untersuchungszimmer 3 wartet schon Frettchen Lou. Lou kratzt sich ständig am linken Ohr und ist sehr hibbelig. Jan hält sie gut fest, während Hanna mit einem **Otoskop** ins Ohr (genauer gesagt: in den äußeren Gehörgang) guckt. Ich darf auch mal schauen. „Na, was fällt dir auf, Ylvie?", fragt Hanna. „Puh, ziemlich eklig sieht es aus. Das ist, was mir auffällt. Ein brauner Belag. Und dann so seltsame weiße Punkte, die sich auch noch bewegen!", versuche ich, meine Beobachtungen so genau wie möglich zu beschreiben.
„Ganz genau! Gut beobachtet, Ylvie. Die weißen Pünktchen, die sich da bewegen, das sind die kleinen Tierchen, die Lou Probleme machen! Die gucken wir uns jetzt mal unter dem Mikroskop genauer an, um herauszufinden, mit wem wir es zu tun haben!"

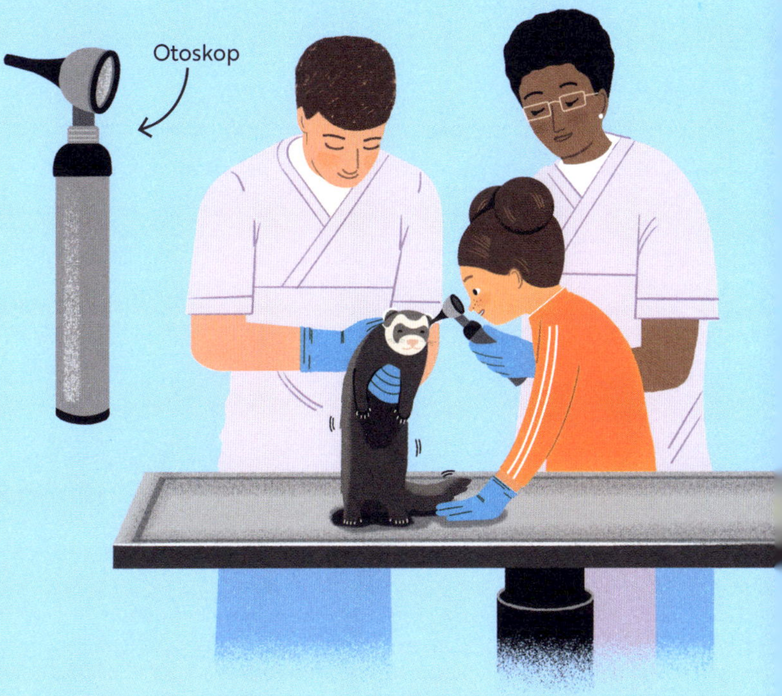

1

Hanna nimmt mit einem Wattetupfer etwas von dem braunen Belag.

2

Dann rollt sie ihn auf einem Glasplättchen aus, gibt einen Tropfen Wasser dazu und legt ein Glasplättchen drauf.

3

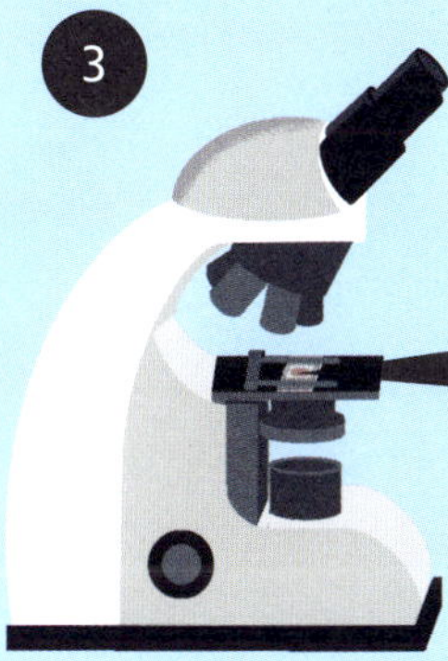

Los geht's! Wir schauen uns die Probe unter dem Mikroskop an.

4

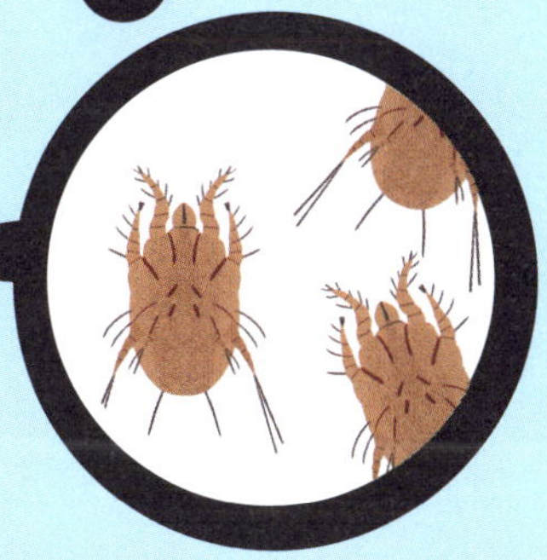

Nicht ganz unerwartet werden wir fündig. Guck mal!

?

Na, findest du die Tierchen auf dem Plakat auf Seite 19 wieder? **Auf Seite 61 findest du die Lösung** und erfährst noch etwas mehr über die kleinen Übeltäter.

Lous Ohr muss nun aber erst einmal gründlich gereinigt werden, um den Belag und möglichst viele der kleinen Tierchen zu entfernen. Dann träufelt Hanna ein Mittel auf die Haut in den Nacken (ein sogenanntes **Spot-on**). Dieses Mittel wirkt auf den gesamten Körper und hilft dabei auch gegen die kleinen Krabbler.
In vier Wochen muss die Behandlung wiederholt werden. Das wird weitergeführt, bis keine Krabbeltierchen mehr zu finden sind.

DAS ERSTE MAL BEIM TIERARZT

Nicht immer kommt ein Tier in die Praxis, weil es krank ist. Auch **Routineuntersuchungen** gehören zum Alltag in der Tierarztpraxis. Im Untersuchungszimmer 1 ist ein ordentliches Gewusel. Vier kleine Fellknäuel springen umher. Wie kann man nur so süß sein! Auch Hanna ist begeistert von den vier bunten Jack-Russell-Terrier-Welpen. Sie kommen zum ersten Mal in die Praxis, und es steht viel auf dem Programm. Sie werden heute gründlich untersucht.

Zuerst werden Maul, Zahnfleisch und Zähne genau angeschaut.

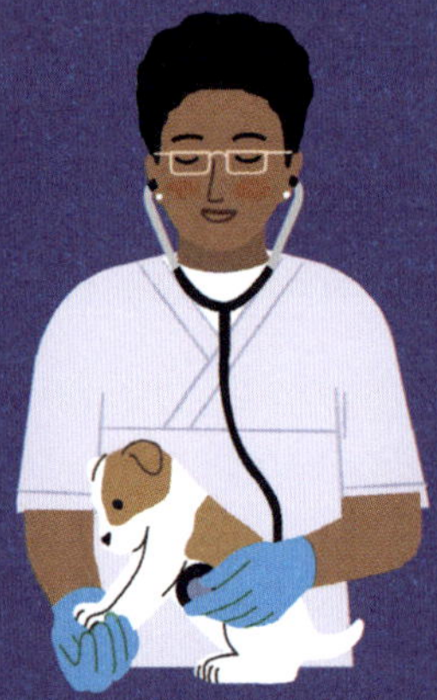

Vorsichtig tastet Hanna den Bauch ab und hört Lunge und Herz mit dem Stethoskop ab.

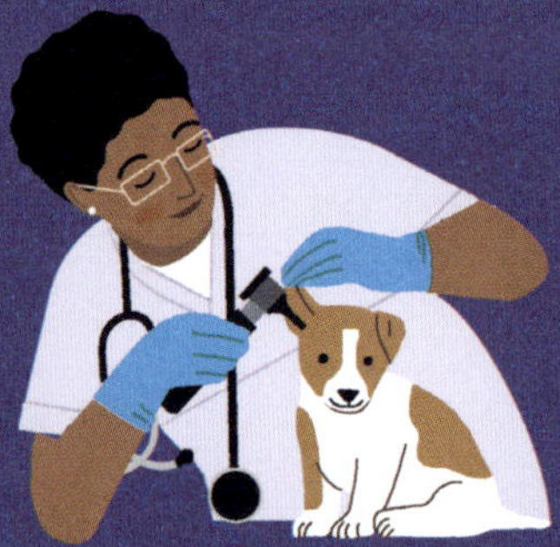

Auch die Augen, die Ohren, die Haut und das Fell werden von Hanna inspiziert.

Der Bauchnabel wird kontrolliert.

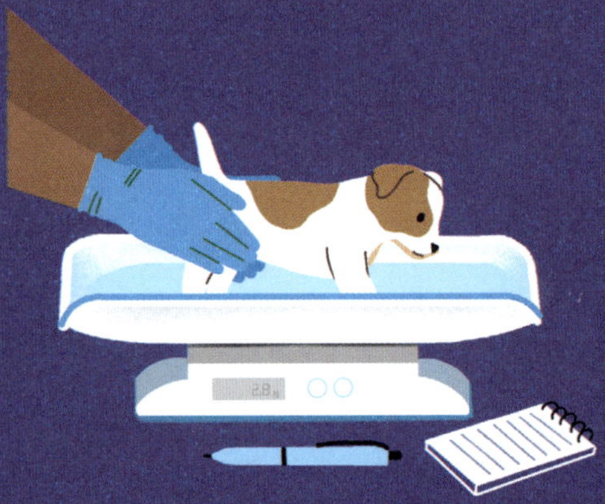

Die Welpen werden gewogen.

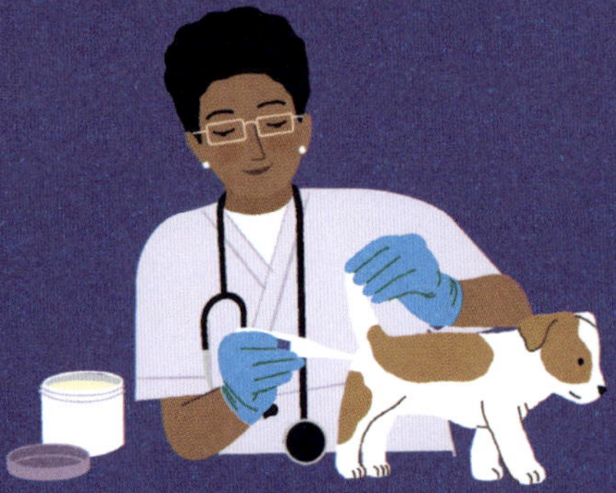

Die Temperatur wird bei jedem Welpen gemessen, die Pulsschläge gezählt, die Reflexe untersucht, die Krallen und Ballen kontrolliert.

Alles in Ordnung! Die Welpen sind gesund. „Wie schön!“, freut sich die Besitzerin.
Sie bekommen auch ihre **erste Impfung**. Diese soll sie gegen gefährliche Krankheiten schützen.
Hanna erklärt mir, wie das mit den Impfungen überhaupt funktioniert: „Du weißt ja, Ylvie, dass manche Krankheiten durch Krankheitserreger verursacht werden. Das können zum Beispiel Viren oder Bakterien sein. Bei einer Impfung werden abgetötete oder abgeschwächte Erreger gespritzt.
Die Körperabwehr, also unser **Immunsystem**, lernt den Krankheitserreger dann schon kennen und kann sich auf den Angriff des ‚echten‘ Erregers vorbereiten. Wenn der ‚echte‘ Erreger irgendwann den Körper angreift, steht die Körperabwehr sofort bereit und kann diesen schnell besiegen.“

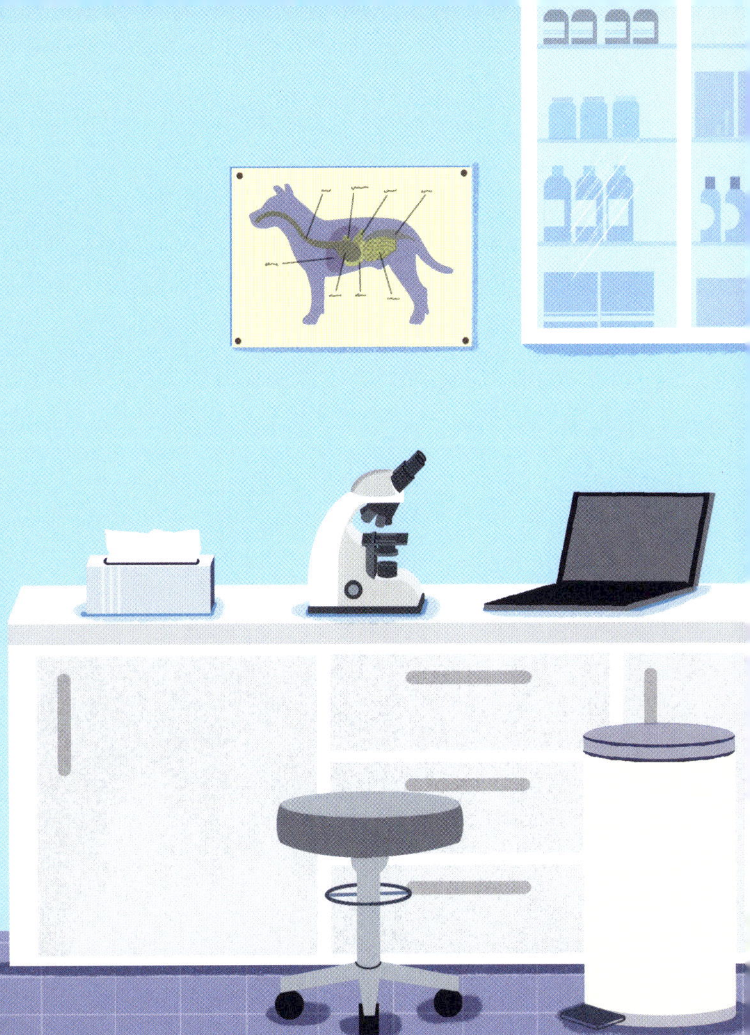

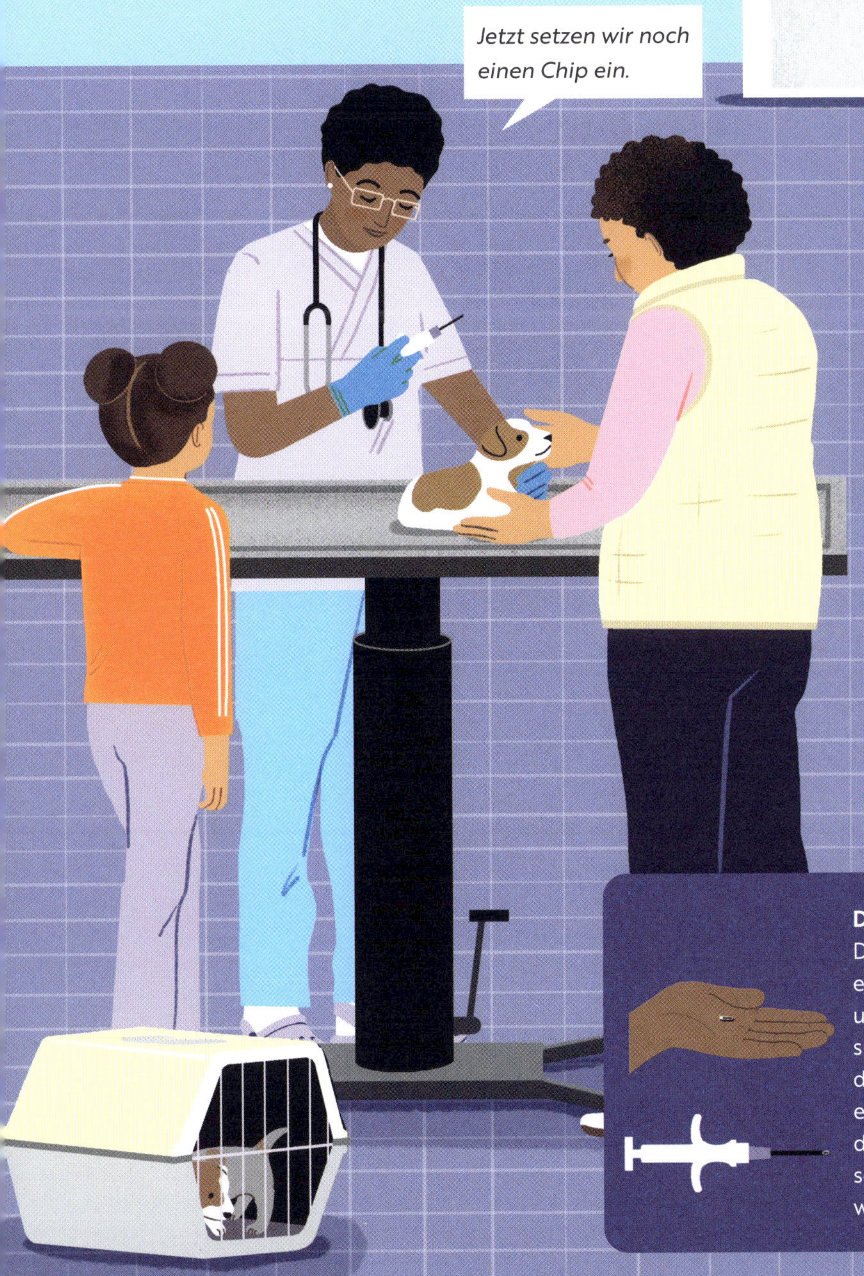

Die Welpen erhalten auch Tabletten für eine **Wurmkur**. „Hunde müssen in regelmäßigem Abstand entwurmt werden“, erklärt mir Hanna. „Erst einmal können die Hunde durch die Würmer krank werden. Außerdem können die Hunde die Würmer auf uns Menschen übertragen. Und dann können diese auch uns krank machen.“
Jeder der Welpen erhält an der linken Halsseite noch einen kleinen **Chip** unter die Haut. Hiermit kann der Besitzer oder die Besitzerin gefunden werden, wenn der Hund mal wegläuft.

DER MIKROCHIP
Der winzige **Chip** enthält eine 15-stellige Nummer und wird mit einer speziellen Spritze unter die Haut gebracht. Mit einem Chiplesegerät kann die Nummer gelesen und so herausgefunden werden, wem der Hund gehört.

SCHLIMME BAUCHSCHMERZEN

„Oh, die sind aber hübsch!" Hanna ist entzückt, als sie die zwei kleinen Meerschweinchenkinder in der Transportbox sieht. „Wusel und Strolchi", sagt das Mädchen.
„Das sind aber schöne Namen. Was fehlt den beiden denn?", will Hanna wissen. Da beginnt der Junge zu berichten: „Vor einer Woche haben wir sie bekommen. Sie sind jetzt etwa 7 Wochen alt. Zu Beginn war alles in Ordnung, aber nun haben sie schon seit 3 Tagen Durchfall. Seit heute Morgen bewegen sie sich kaum noch und fressen auch nicht mehr richtig. Da machen wir uns Sorgen." Hanna hört dem Jungen aufmerksam zu, nickt und beginnt, Wusels Bauch vorsichtig mit ihren Fingern abzutasten. Dann hält sie ihr Stethoskop auf den Bauch und hört nach den **Darmgeräuschen**. Denn die können einem erzählen, wie aktiv der Darm gerade ist. Hanna hört mit ihrem Stethoskop auch auf die Lunge. Sie schaut ins Maul und misst Fieber. Sie guckt sich den Po an. Und untersucht, ob Wusel auch alle vier Beinchen normal bewegen kann. Gleiches bei Strolchi.
„Ja, die Bäuche sind ordentlich angespannt und prall", meint Hanna. „Was bekommen sie denn bei euch zu fressen?"
„Heu und getrocknete Kräuter", erzählt der Junge. Hanna nickt: „Das hört sich gut an. Daran sollte es also nicht liegen. Wir müssen wohl noch etwas weiter nachforschen. Gucken wir uns doch mal ihre Köttel unter dem Mikroskop an!"

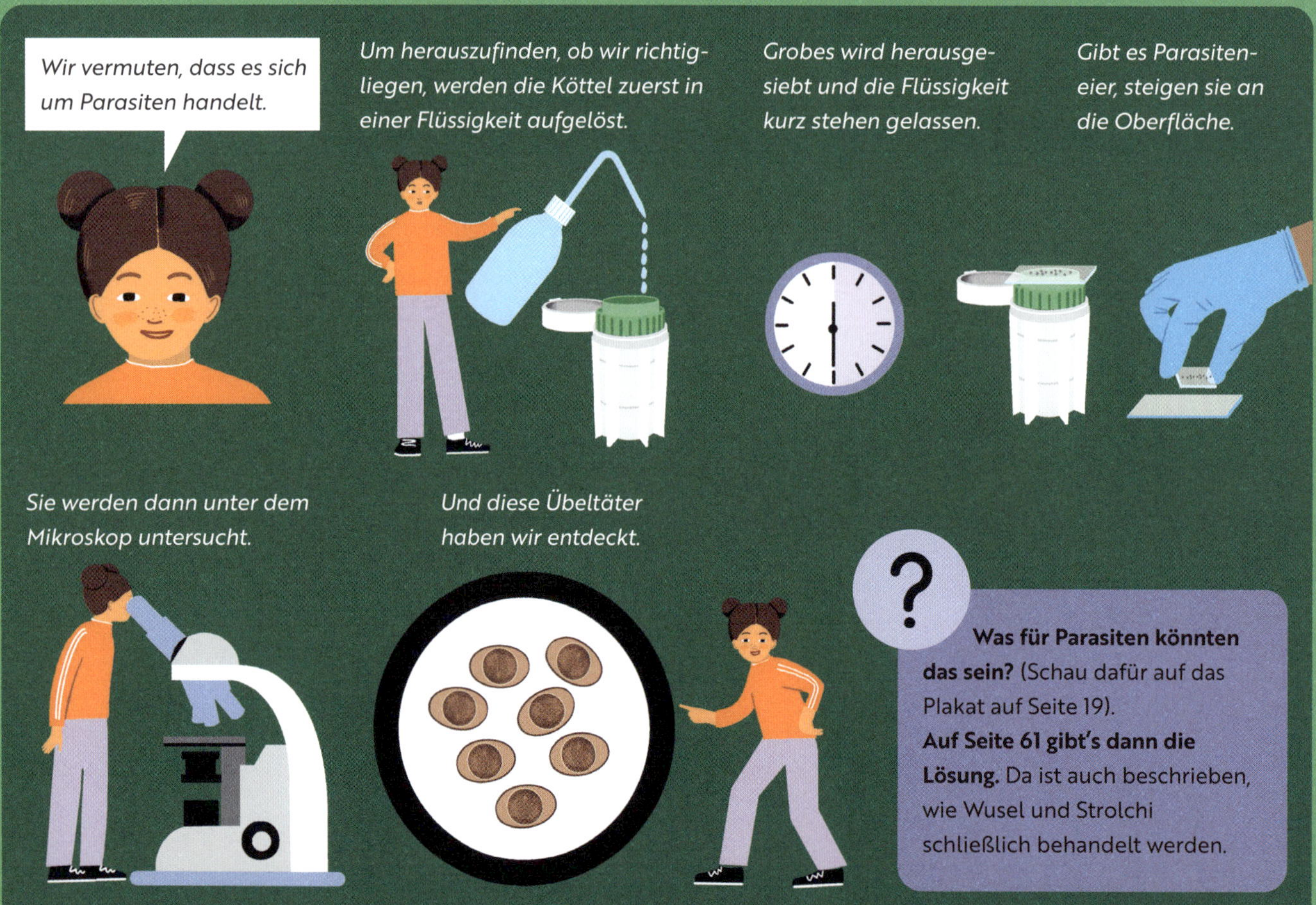

Was für Parasiten könnten das sein? (Schau dafür auf das Plakat auf Seite 19).
Auf Seite 61 gibt's dann die Lösung. Da ist auch beschrieben, wie Wusel und Strolchi schließlich behandelt werden.

GEFRÄSSIGER CHARLIE

Der kleine Charlie, ein roter Zwergpudel, hat die ganze Tafel Zartbitterschokolade aufgefressen, die auf dem kleinen Beitisch vor dem Fernseher lag. Zumindest lag plötzlich nur noch die leere Verpackung auf dem Boden. Und das hat nun die ganze Familie in Unruhe versetzt. Zu Recht! Denn Schokolade ist für Hunde sehr **giftig**.
In der Schokolade befindet sich nämlich ein Stoff namens Theobromin, der bei Hunden schon in kleinen Mengen zu einer schweren Vergiftung bis hin zum Tod führen kann. Beschwerden hat Charlie bisher nicht. Auch die klinische Untersuchung ist unauffällig. Wie gut, dass die Familie so schnell mit Charlie gekommen ist. „Die Schokolade muss nun schnellstmöglich aus seinem Körper herausgebracht werden“, meint Hanna. Sie gibt Charlie ein Medikament, das **Erbrechen** auslöst. Kurz darauf geht es los. Armer Charlie! Als das Erbrechen aufhört, bekommt er noch Flüssigkeit über die Vene. Und Hanna mahnt, dass er in den nächsten Stunden gut beobachtet werden muss.

Dinge, die Hunde nicht fressen sollten:

WAS MIT DER NAHRUNG IM KÖRPER PASSIERT

„Durchfall, Verstopfung, Übelkeit, Erbrechen … **Verdauungsprobleme** sind sehr häufig in der Praxis“, meint Hanna. „Um dann zu verstehen, was genau das Problem ist, ist es wichtig, zu wissen, wie die Dinge normalerweise funktionieren.“ Und schon bin ich mitten in einer von Hannas Theoriestunden … Ohne Nahrung können wir nicht überleben. Denn in der Nahrung sind **Nährstoffe**, die unser Körper braucht. Unser Körper verbrennt die Nährstoffe und gewinnt daraus Energie. Doch damit die Nährstoffe vom Körper aufgenommen und genutzt werden können, muss die Nahrung erst zerkleinert und in winzige Stücke zerlegt werden. Und das geschieht im **Verdauungssystem**. Stell es dir vor wie einen langen Schlauch. Dieser Schlauch beginnt im Mund, wo das Essen hineinkommt, und endet mit dem After, der Öffnung nach außen, wo der Kot ausgeschieden wird.

1

Die **Zähne** zerkleinern die Nahrung. Die Nahrungsstücke werden mit Speichel vermischt, sodass sie besser heruntergeschluckt werden können. Bei einigen Tieren befindet sich im Speichel ein Stoff, der Stärke spalten kann. Amylase nennt man ihn.

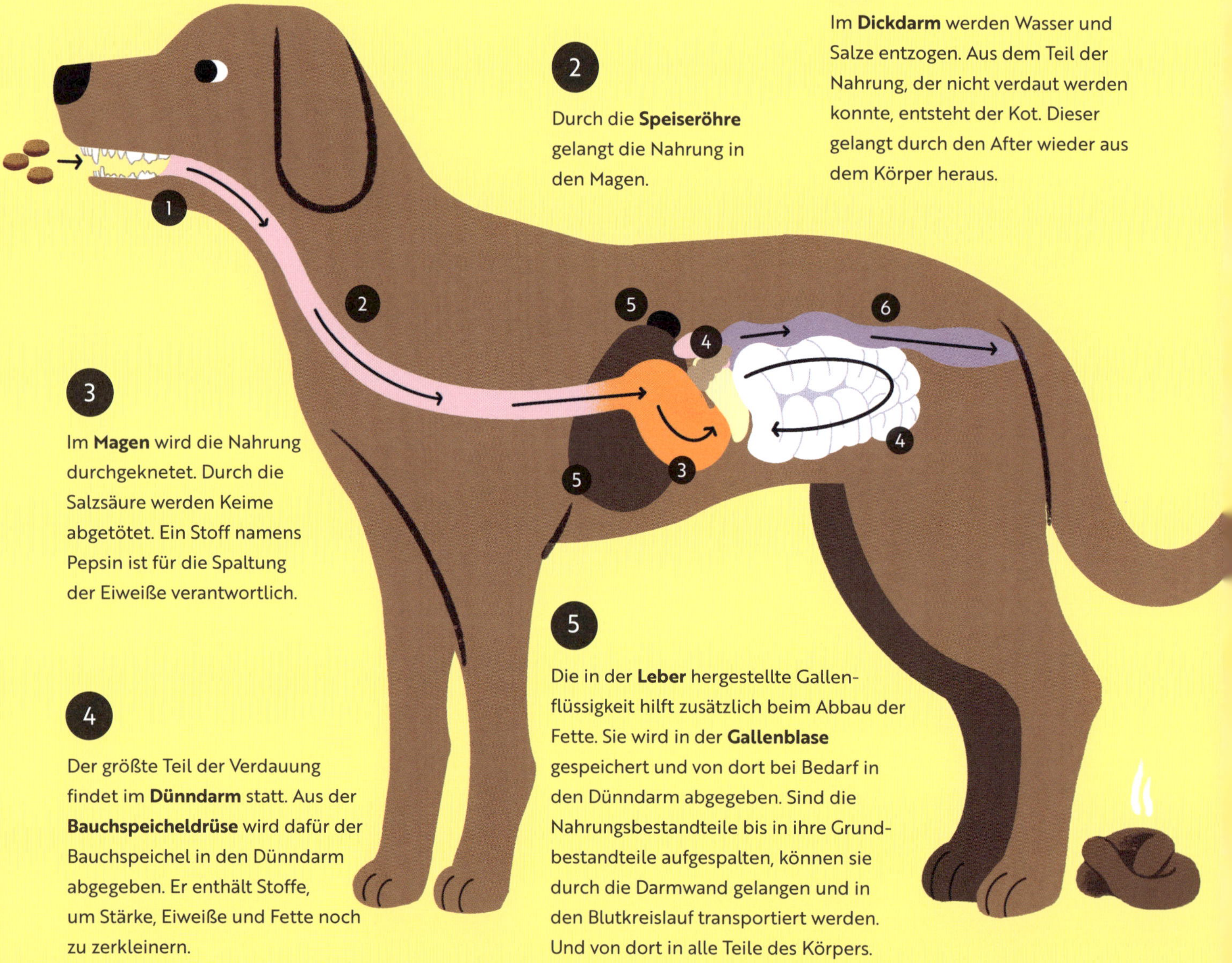

2

Durch die **Speiseröhre** gelangt die Nahrung in den Magen.

3

Im **Magen** wird die Nahrung durchgeknetet. Durch die Salzsäure werden Keime abgetötet. Ein Stoff namens Pepsin ist für die Spaltung der Eiweiße verantwortlich.

4

Der größte Teil der Verdauung findet im **Dünndarm** statt. Aus der **Bauchspeicheldrüse** wird dafür der Bauchspeichel in den Dünndarm abgegeben. Er enthält Stoffe, um Stärke, Eiweiße und Fette noch zu zerkleinern.

5

Die in der **Leber** hergestellte Gallenflüssigkeit hilft zusätzlich beim Abbau der Fette. Sie wird in der **Gallenblase** gespeichert und von dort bei Bedarf in den Dünndarm abgegeben. Sind die Nahrungsbestandteile bis in ihre Grundbestandteile aufgespalten, können sie durch die Darmwand gelangen und in den Blutkreislauf transportiert werden. Und von dort in alle Teile des Körpers.

6

Im **Dickdarm** werden Wasser und Salze entzogen. Aus dem Teil der Nahrung, der nicht verdaut werden konnte, entsteht der Kot. Dieser gelangt durch den After wieder aus dem Körper heraus.

Die **Fleischfresser** haben einen sehr **dehnbaren Magen**. Denn wenn sie Beute machen, fressen sie möglichst viel davon auf einmal. Sie fressen sozusagen „auf Vorrat“.

Kaninchen und Meerschweinchen haben einen **Stopfmagen**. In der Magenwand gibt es kaum Muskeln. Der Nahrungsbrei wird daher nicht durch die Bewegung der Magenwand weiter in den Darm transportiert, sondern durch die nachfolgende Nahrung weitergeschoben. Damit die Verdauung vorangeht, müssen diese Tiere also ständig fressen. Sonst beginnt die Nahrung im Darm zu gären und es kommt zu schmerzhaften Blähungen.

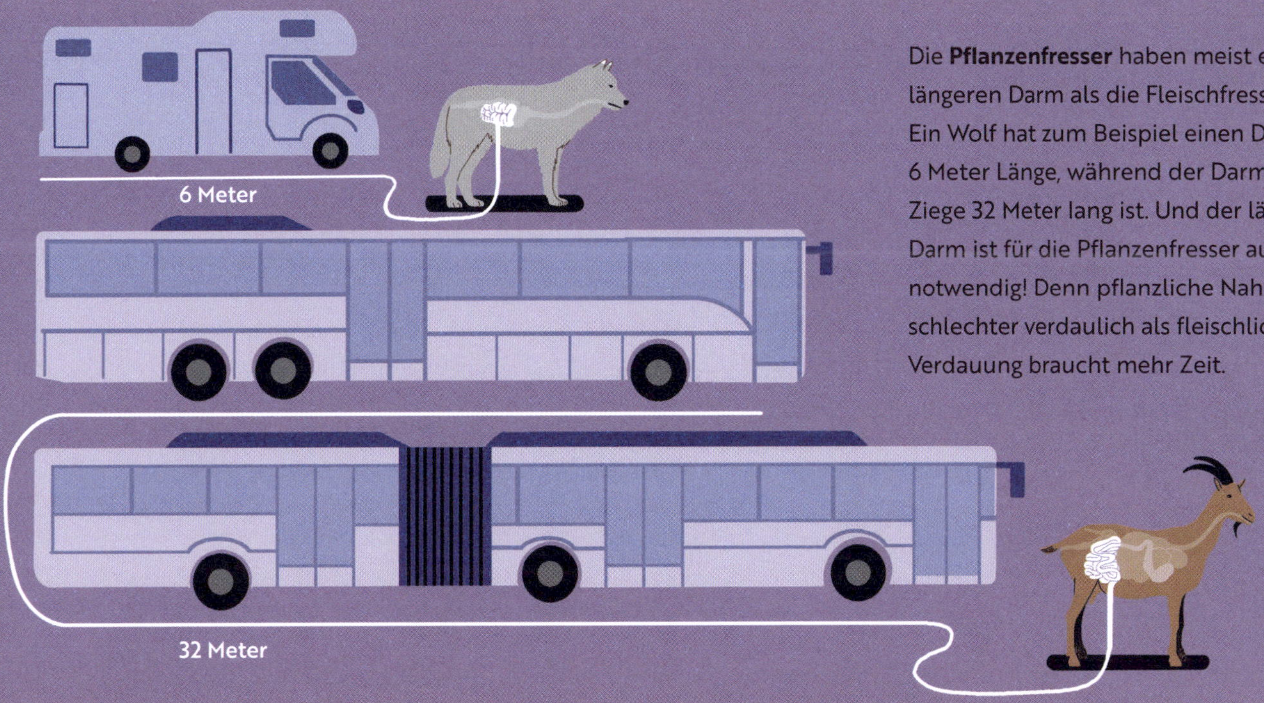

Die **Pflanzenfresser** haben meist einen längeren Darm als die Fleischfresser. Ein Wolf hat zum Beispiel einen Darm von 6 Meter Länge, während der Darm der Ziege 32 Meter lang ist. Und der längere Darm ist für die Pflanzenfresser auch notwendig! Denn pflanzliche Nahrung ist schlechter verdaulich als fleischliche. Die Verdauung braucht mehr Zeit.

Wiederkäuer, wie Kuh, Schaf oder Ziege, haben **3 Vormägen (Pansen, Netzmagen, Blättermagen)**. Die Nahrung wird dort von Bakterien vorverdaut, dann wieder hochgewürgt und durch erneutes Kauen mit den Zähnen weiter zerkleinert. Erst danach geht es in den normalen Magen **(Labmagen)**.

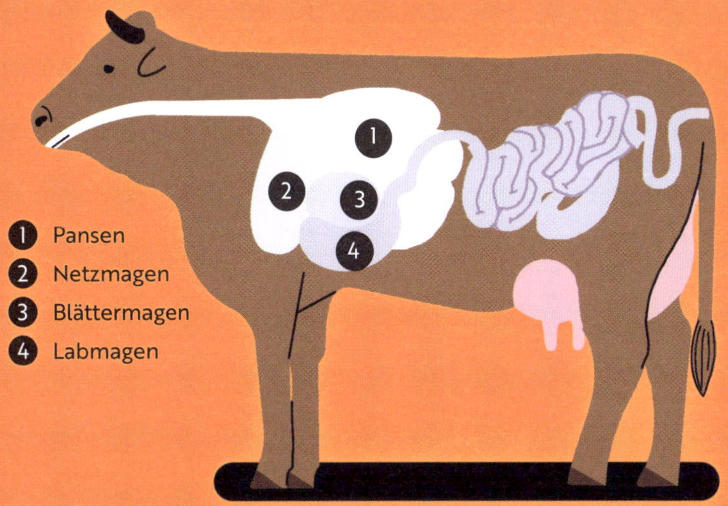

NICHT ALLES IST ZUM FRESSEN DA!

Im Untersuchungszimmer 2 wartet unsere nächste Patientin. Die Bengalkatze Mia erbricht seit mehreren Tagen, hat keinen Appetit und hat auch keinen Kot abgesetzt. Die Besitzer sind besorgt. Mia möchte sich bei der Untersuchung nicht anfassen lassen und faucht. Vorsichtig tastet Hanna den Bauch ab. Er ist ganz hart. Mit dem Stethoskop hört Hanna verstärkte Darmgeräusche. Sie lässt mich auch mal hören.

Die OP findet notfallmäßig auch gleich statt. Denn ein Darmverschluss ist eine sehr gefährliche Angelegenheit! Die Nahrung staut sich vor dem Fremdkörper, sodass sich der Darm dort weitet und entzündet. Dadurch wird er brüchig. Er kann dann reißen und der Inhalt aus dem Darm in die Bauchhöhle gelangen. Und das kann sich rasch zu einer lebensbedrohlichen Entzündung entwickeln! Ravi und Martina machen sich sofort bereit. Mia bekommt vorher noch eine **Infusion**, ein Schmerzmittel und ein Antibiotikum.
Dann geht es schon los. Mia erhält eine **Narkose**, damit sie den Eingriff nicht mitbekommt und dabei keine Schmerzen hat. Um an den Fremdkörper zu gelangen, muss zuerst die Bauchwand aufgeschnitten und dann ein Schnitt in die Darmwand gemacht werden. Nun kann der Gegenstand entfernt werden. Danach werden Darm- und Bauchwand wieder zugenäht.

Nach der Operation schläft sich Mia im **Aufwachraum** aus. Alles ist gut verlaufen. Als die Besitzer Mia abholen, werden ihnen noch das Schmerzmittel und das Antibiotikum mitgegeben. Denn diese Medikamente soll Mia auch die nächsten Tage bekommen. In 3 Tagen steht eine Nachuntersuchung an. Hoffentlich geht es Mia dann wieder besser!

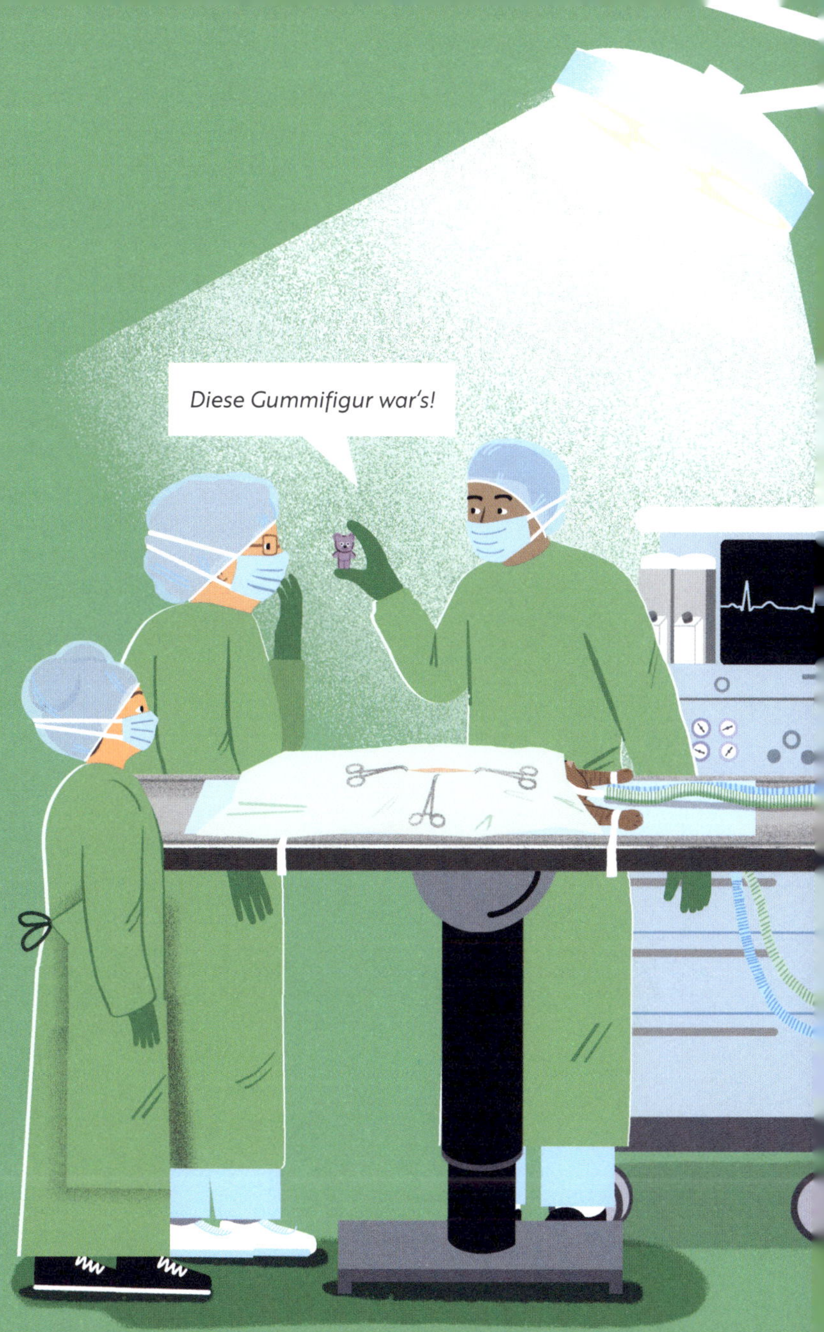

?

Verschluckte **Fremdkörper** kommen sehr häufig im Praxisalltag vor. Hanna hat sogar eine ganze Galerie von Röntgenbildern mit außergewöhnlichen Funden. Ob du wohl errätst, was dort von den Tieren versehentlich verschluckt wurde? **Auf Seite 61 gibt's die Auflösung.**

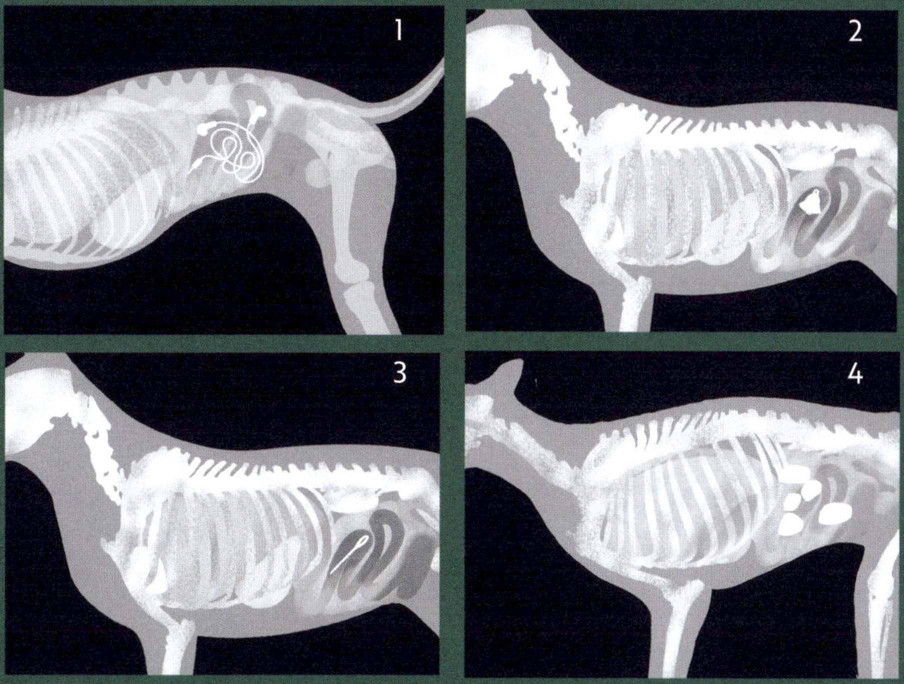

ATEMNOT

Im Untersuchungszimmer 1 wartet das 6-jährige Meerschweinchen Piggy. „Sie atmet seltsam. Der gesamte Körper bewegt sich dabei mit. Sie mag auch nichts fressen, sie sitzt nur da. Seit heute Morgen ist das nun schon so“, berichtet die Besitzerin. Hanna guckt Piggy besorgt an: „Gut, dass sie dich hergebracht haben. Da müssen wir mal gucken, warum das mit deiner Atmung so schwer geht.“ Bei der Untersuchung fallen die blass gefärbten Schleimhäute auf. Über der Lunge hört Hanna ein rasselndes Geräusch. „Wie eine Art lautes Knistern kann man es sich vorstellen“, erklärt Hanna. „Das ist ein Hinweis auf **Flüssigkeit in der Lunge**! Und die kann verschiedenste Ursachen haben, zum Beispiel einen Infekt in der Lunge oder eine Erkrankung des Herzens.“ Ansonsten fällt in der Untersuchung aber nichts Auffälliges auf. Auch die Körpertemperatur ist normal. Hanna macht ein Röntgenbild.

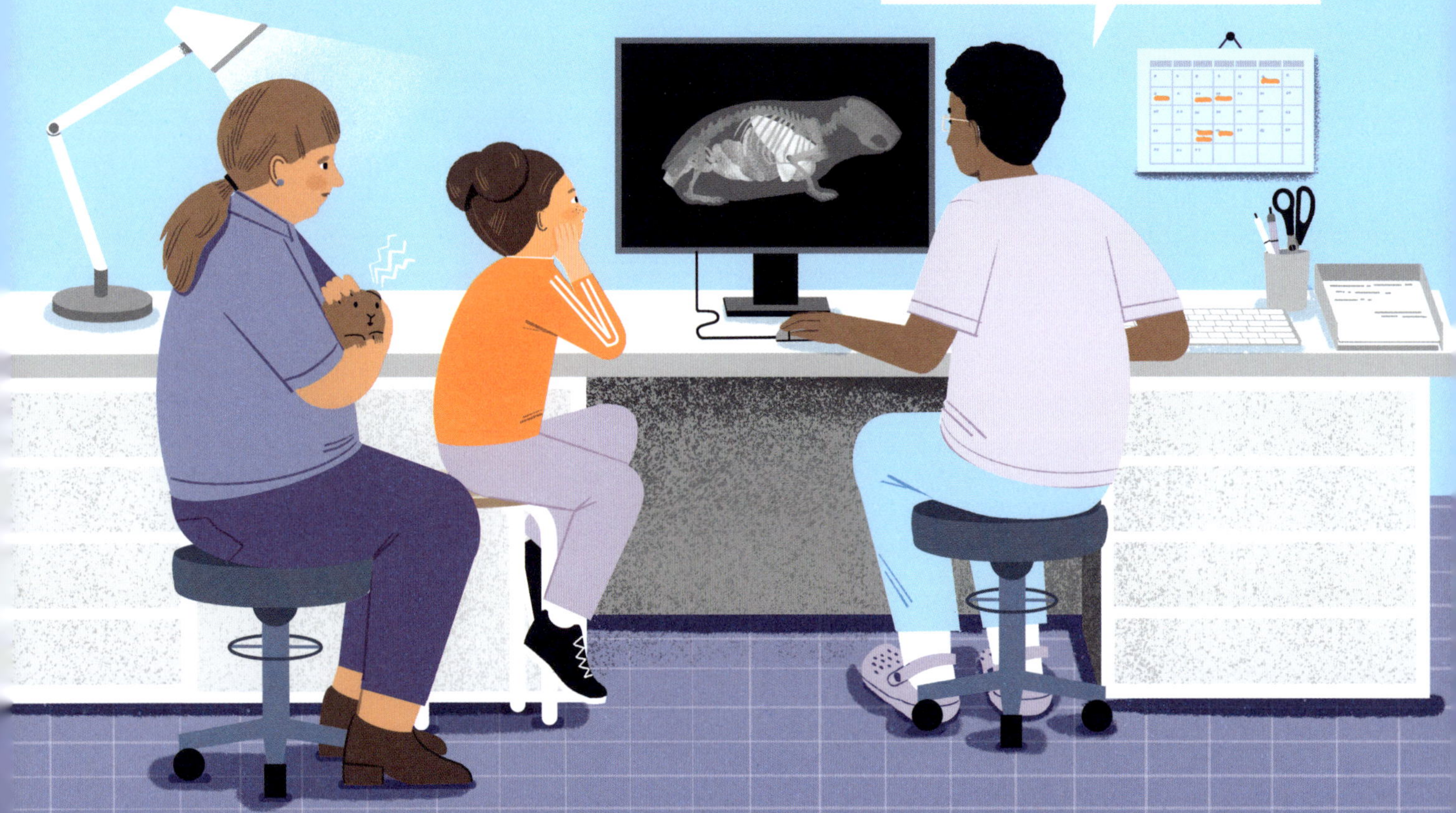

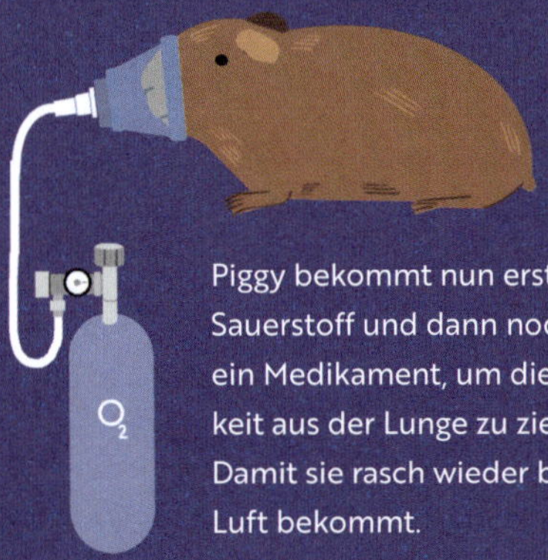

Piggy bekommt nun erst einmal Sauerstoff und dann noch ein Medikament, um die Flüssigkeit aus der Lunge zu ziehen. Damit sie rasch wieder besser Luft bekommt.

Aber etwas verstehe ich noch nicht: „Warum ist eigentlich Flüssigkeit in der Lunge, wenn das Herz nicht richtig funktioniert?“, will ich von Hanna wissen. „Oh, das ist eine sehr gute Frage!“, meint Hanna. Und dann fängt sie an zu erklären: „Das **Herz** ist ein kräftiger Muskel und arbeitet wie eine **Pumpe**. Und was für eine! Ohne Pause und ein ganzes Leben lang ist sie in Aktion und pumpt das Blut in den Blutgefäßen durch den Körper. Mit dem Blut werden Sauerstoff und Nährstoffe an jede beliebige Stelle des Körpers transportiert.“

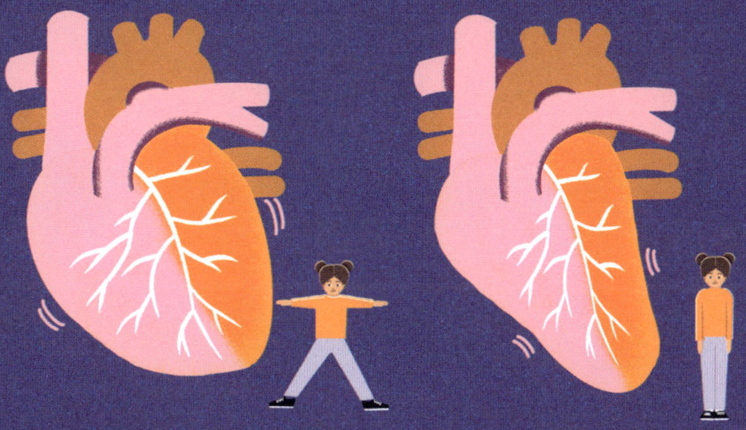

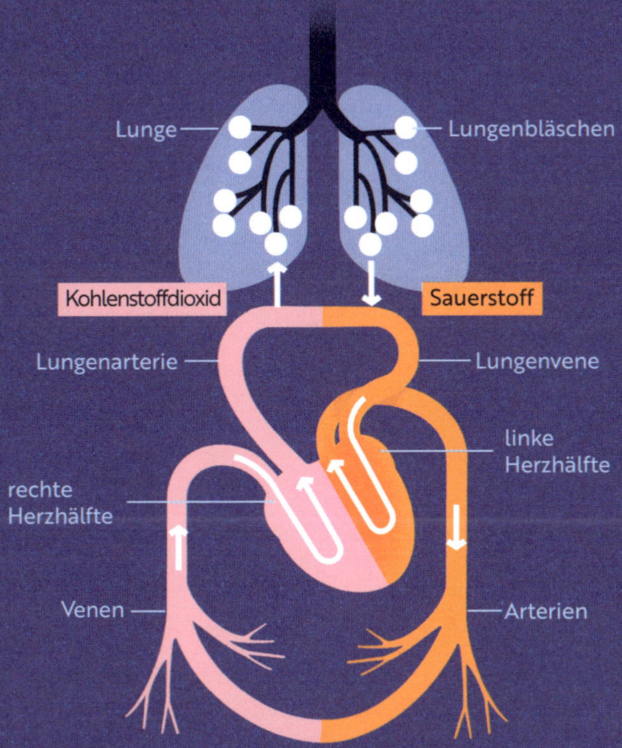

Beim Herzen vom Meerschweinchen (wie auch bei allen anderen Säugetieren und uns Menschen) kannst du eine rechte und eine linke Seite unterscheiden. Von der rechten Herzseite wird das Blut in die Lunge gepumpt. Dort wird **Sauerstoff** aus der Atemluft ins Blut aufgenommen und **Kohlenstoffdioxid** vom Blut in die Luft abgegeben. Dieser Austausch passiert in den winzigen Lungenbläschen. Anschließend fließt das nun sauerstoffreiche Blut weiter zur linken Herzseite und wird von dort in den Körperkreislauf gepumpt, um den Sauerstoff überall hinzubringen, wo er gerade gebraucht wird.

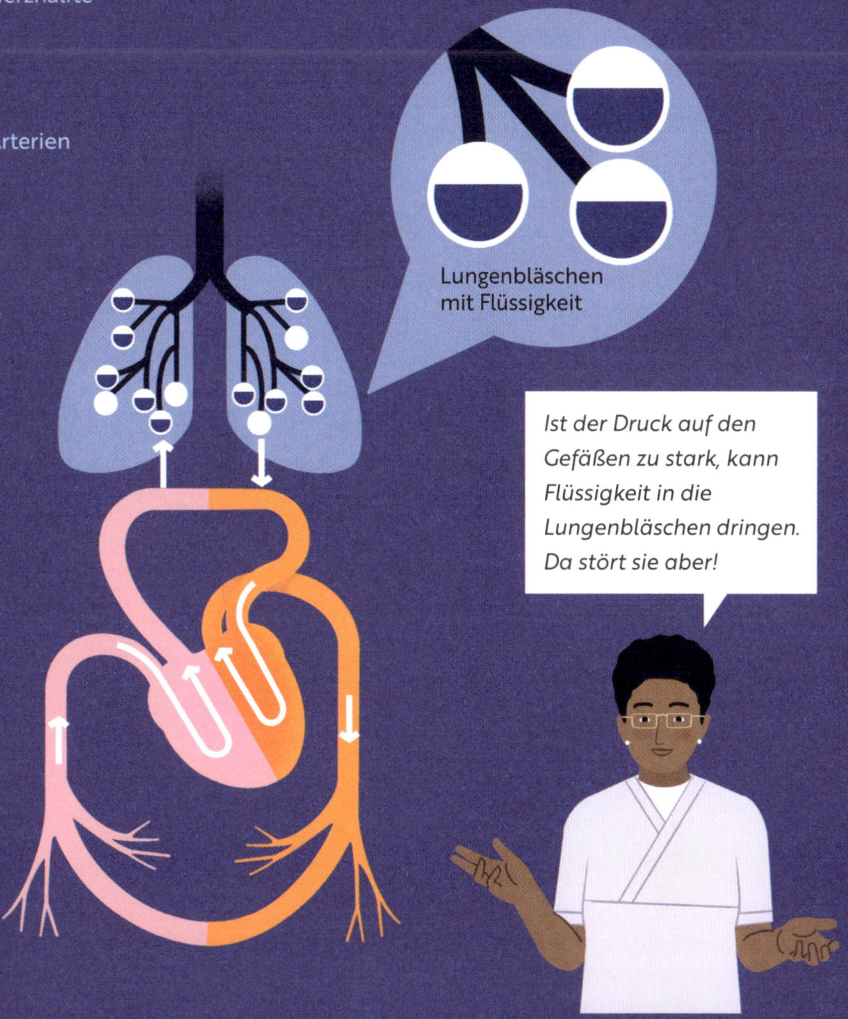

Bei einer **Herzschwäche** pumpt das Herz zu wenig Blut. Daher staut sich das Blut zurück in die Gefäße, die zum Herzen führen. Irgendwann ist der Druck so groß in den Gefäßen, dass Flüssigkeit aus den Gefäßen austritt. In der Lunge gelangt die Flüssigkeit dann in die feinen Lungenbläschen. Dies behindert dort aber die Aufnahme von Sauerstoff aus der Luft, und es kommt zur Atemnot. Wie bei Piggy.

SCHIEFHALS

Im Untersuchungszimmer 3 wartet Hoppel, ein 8 Jahre altes Kaninchen. Seine Besitzerin ist gerade auf Dienstreise, und so ist Hoppel in einer Urlaubspension untergebracht. Heute Morgen ist aufgefallen, dass er den Kopf schief hält und nicht mehr gerade sitzen kann. Gestern sei noch alles normal gewesen, meint die Frau von der Pension. Hanna setzt Hoppel auf den Untersuchungstisch. Er dreht sich im Kreis und fällt auf die Seite. Oje, das sieht richtig schlimm aus!

Hanna untersucht Hoppel sehr gründlich. Sie tastet den Bauch ab. Mit dem Stethoskop hört sie auf das Herz und die Lunge. Sie guckt, ob Hoppel seine Beine bewegen kann, ob er Berührungen spürt. Ob die Reflexe vorhanden sind. Sie guckt in den Mund und in die Ohren. Sie misst die Temperatur. Alles ist in Ordnung. Nur an den Augen fällt ein Zucken auf. „Das passt zu seinen **Gleichgewichtsproblemen**", meint Hanna, „ihm ist schwindelig." Sie grübelt. „Und gestürzt ist Hoppel nicht, oder?", will sie wissen. „Nein, da bin ich mir sicher", entgegnet die Frau. Hanna macht noch eine Röntgenaufnahme vom Kopf und eine Blutuntersuchung. Aber alles ist unauffällig.

„Die meisten Erkrankungen konnten wir ausschließen", erklärt Hanna. „Ich denke, dass Hoppel eine Entzündung des Gehirns hat, die durch einen Parasiten mit dem Namen **Encephalitozoon cuniculi** verursacht wird. Viele Kaninchen haben diesen Parasiten in ihrem Körper, aber normalerweise macht das nichts. Zu Beschwerden kommt es nur, wenn das Immunsystem geschwächt ist. Hier bei Hoppel zum Beispiel durch den Umzug in die Pension. Denn das bedeutet für ihn natürlich Stress." Hoppel bekommt nun **Medikamente** gegen die Parasiten und gegen den Schwindel. Außerdem erhält er Vitamine, die den Nerven helfen sollen, sich schneller wieder zu erholen.

In 3 Tagen soll Hoppel dann noch einmal zur Kontrolle in die Praxis kommen. „Die von den Parasiten verursachten Beschwerden können sehr unterschiedlich sein. Manche Kaninchen haben einen **Schiefhals** und Gleichgewichtsprobleme wie Hoppel, andere können ihre Beine nicht mehr bewegen, werden blind oder taub. Dies hängt davon ab, welche Bereiche im Gehirn von den Parasiten befallen werden", erklärt mir Hanna.
Puh, die Vorstellung von kleinen Lebewesen, die sich im Gehirn einnisten, ist gruselig. Ich bin erleichtert, als Hanna mir erklärt, dass sich die Beschwerden zurückbilden können, wenn früh genug behandelt wird.

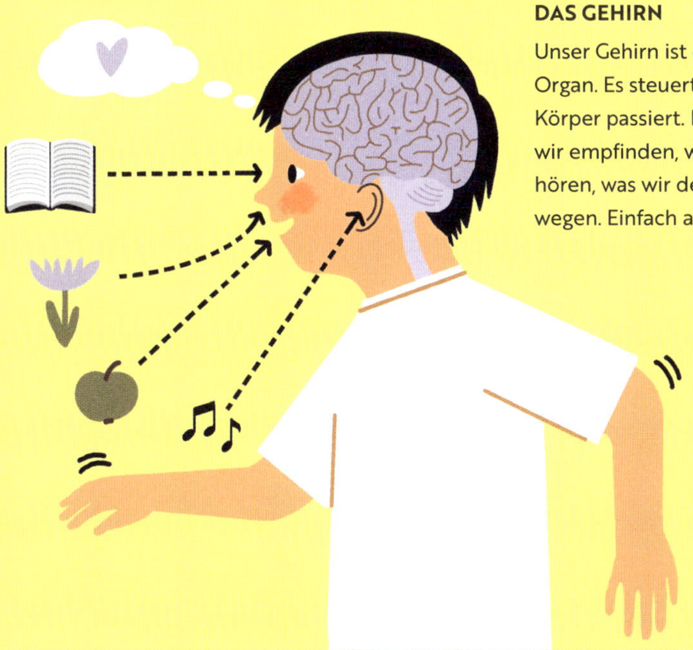

DAS GEHIRN

Unser Gehirn ist ein außergewöhnliches Organ. Es steuert alles, was in unserem Körper passiert. Es entscheidet, was wir empfinden, was wir sehen, was wir hören, was wir denken, wie wir uns bewegen. Einfach alles!

VERKABELT

„Das Gehirn steuert alles, was im Körper passiert. Das hast du nun schon gelernt!", sagt Hanna und lächelt zufrieden. „Jetzt möchte ich dir erzählen, wie das funktioniert. Und hier kommen die Nerven ins Spiel! Man kann sie sich wie lange Stromkabel vorstellen. Einige Kabel übermitteln die Botschaften vom Gehirn an den Rest des Körpers, andere leiten die Informationen vom Körper zurück ans Gehirn. Die Informationen in den Nerven werden dabei in Form von elektrischen Impulsen weitergegeben. Es fließt also Strom durch die Nerven, wenn auch nur sehr wenig."
Hanna sucht wieder das dicke Buch mit den schönen Bildern heraus, damit ich mir das mit den **Nervenbahnen** noch besser vorstellen kann:

Einige Nerven übermitteln Befehle vom Gehirn an die Muskeln. Nur so ist Bewegung möglich!
Andere Nerven laufen vom Körper zurück über das **Rückenmark** zum Gehirn. Diese Nerven versorgen das Gehirn mit Informationen über den Körper und die Umgebung, zum Beispiel aus der Haut.
Und auch die inneren Organe wie Herz und Lunge sind über Nerven mit dem Gehirn verbunden, damit das Gehirn lebenswichtige Funktionen wie Atmung und Herzschlag steuern kann.

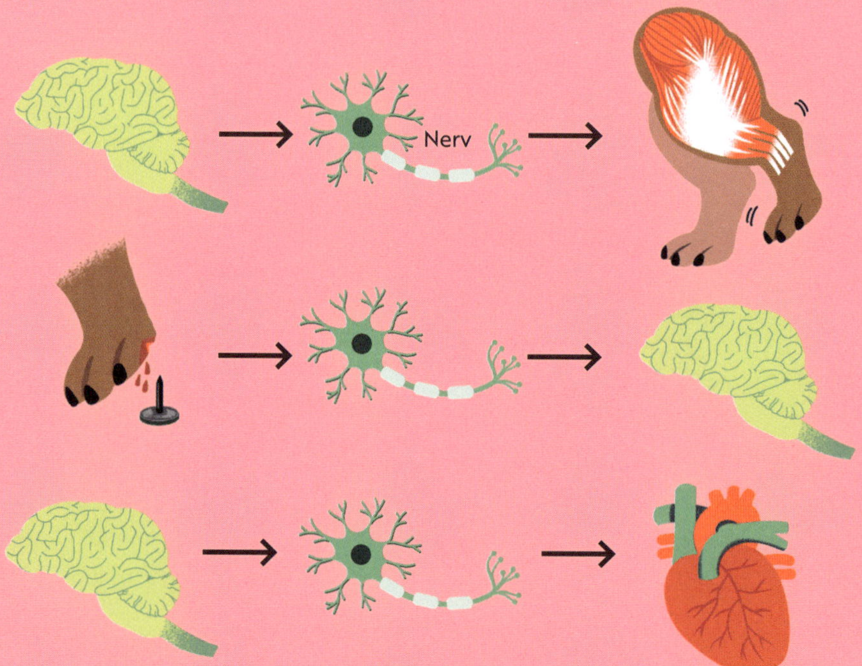

Lass uns mal schauen, wo sich das Rückenmark in der **Wirbelsäule** befindet. Dafür gucken wir uns die Wirbelsäule genauer an: Sie ist aus vielen einzelnen Wirbeln zusammengesetzt. Von der Form her hat jeder Wirbel in der Mitte ein Loch. Wenn die Wirbel nun hintereinander aufgereiht sind, dann bilden diese Löcher gemeinsam einen Kanal, den Wirbelkanal. Und in diesem knöchernen Kanal verläuft das Rückenmark. An den Seiten des Kanals gibt es kleine Öffnungen. Dort verlassen die einzelnen Nerven das Rückenmark. Die Wirbel sitzen dabei nicht Knochen an Knochen hintereinander, sondern werden durch elastische Scheiben, sogenannte **Bandscheiben**, miteinander verbunden. Die Bandscheiben puffern Stöße ab und ermöglichen die Beweglichkeit der Wirbelsäule.

Manchmal kann es zu Verletzungen am Rückenmark oder an einzelnen Nerven kommen, zum Beispiel, wenn ein Wirbel bricht oder die Bandscheiben sich verschieben. Dann wird dort die Übermittlung der Botschaften unterbrochen. Je höher am Rücken die Verletzung des Rückenmarks, umso mehr Körperbereiche sind betroffen.

Auf Seite 61 gibt es die Lösung!

EINE WUCHERUNG IM KNOCHEN

Neugierig schaue ich im Kalender, wer als Nächstes kommt: Frieda, Deutsche Dogge, 7 Jahre, **Osteosarkom**. „Osteosarkom, was ist denn das?" Hanna antwortet nachdenklich: „Das ist eine sehr schlimme Krankheit, Ylvie. Ein **Krebs**, der vom Knochen ausgeht. Dabei beginnt der Knochen, genau genommen sind es die Knochenzellen, an irgendeiner Stelle unkontrolliert zu wachsen. Es bildet sich eine Wucherung, ein **Tumor**. Wenn dieser nicht früh genug entfernt wird, kann er streuen. Nun wachsen viele Tumore an vielen Stellen des Körpers. Und die Tumore zerstören die Organe, in denen sie wachsen. Und irgendwann stirbt das Tier daran."

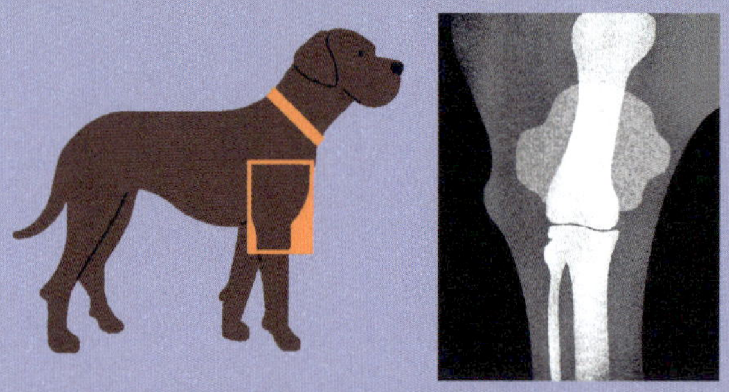

Bei Frieda fing es so an, dass sie nicht mehr richtig laufen konnte und am rechten Vorderbein eine kleine Schwellung auffiel. Im Röntgenbild konnte man dann den Tumor am Knochen erkennen.

„Nun war klar, warum Frieda nicht mehr laufen wollte. Denn so ein Knochentumor ist sehr schmerzhaft. Es wurden einige Untersuchungen gemacht, um zu sehen, ob der Tumor in andere Organe gestreut hat. Doch die waren unauffällig. Um den Tumor zu entfernen, wurde das rechte Vorderbein bis zur Schulter entfernt **(amputiert)**. Das war vor etwa 8 Monaten. Seitdem hat Frieda gelernt, auf 3 Beinen zu laufen. Sie erhält ein Medikament, das das Tumorwachstum unterdrücken soll, falls doch noch etwas vom Krebs im Körper geblieben ist. Denn das ist leider häufig. Bisher hat Frieda die Behandlung gut vertragen. Nun hat die Besitzerin aber angerufen, dass es Frieda seit ein paar Tagen schlechter geht."

Hanna untersucht Frieda. Sie hört die Lunge und das Herz ab. Sie misst Fieber. Die Temperatur ist erhöht. Frieda hustet. Hanna macht ein Röntgenbild von der Lunge. „Oh nein. Das sieht gar nicht gut aus." Hanna zeigt besorgt auf die seltsamen weißen Punkte auf dem Bild. „Die gehören da nicht hin. Das sind kleine **Tumore**. Der Krebs ist wieder da. Außerdem hat Frieda einen Infekt in der Lunge. Wir geben jetzt Medikamente gegen den Infekt und gegen den Husten. Wir müssen aber auch überlegen, wie es grundsätzlich weitergehen soll."

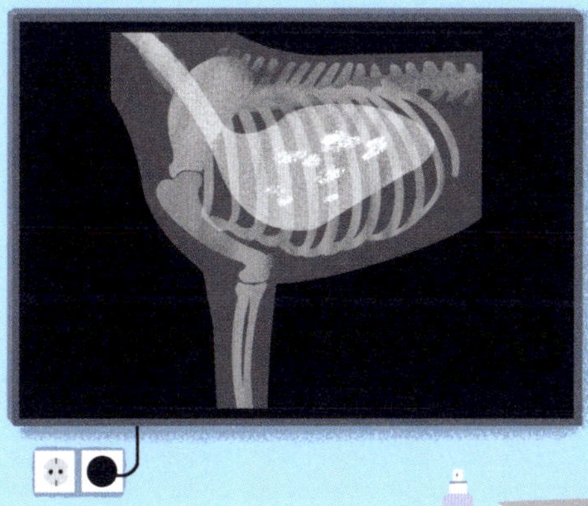

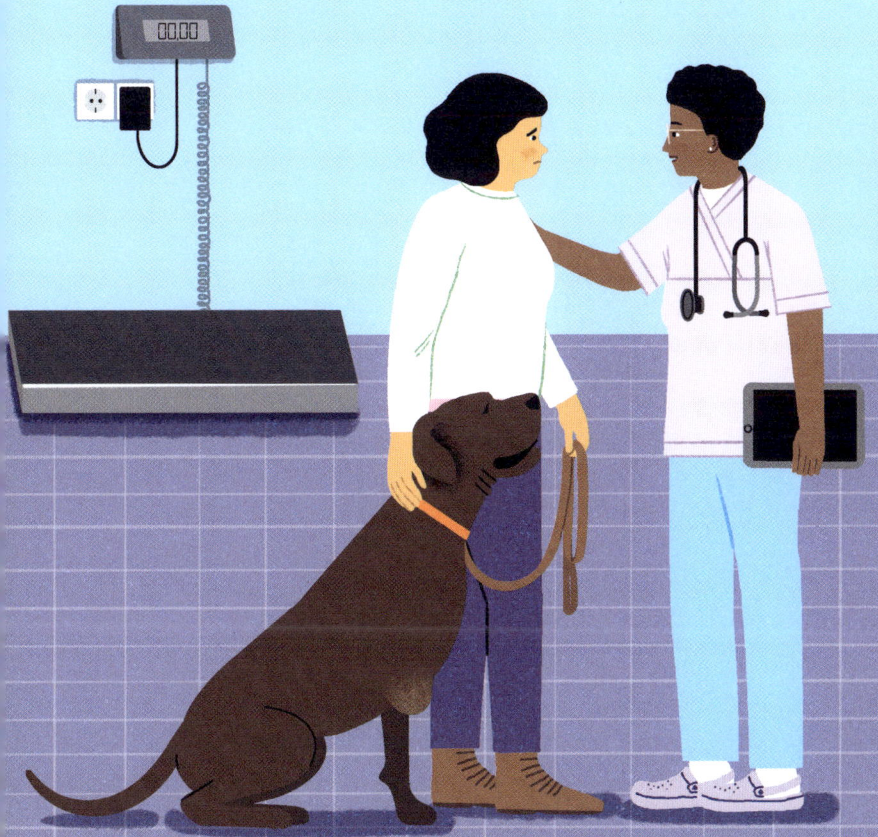

Hanna und Friedas Besitzerin sitzen noch länger zusammen und reden über die schlimme Krankheit Krebs und über Frieda. Ganz zum Schluss höre ich Hanna leise sagen: „Und wenn es ganz schlimm wird und Frieda sich nur noch quält, dann dürfen Sie jederzeit anrufen. Wirklich jederzeit. Dann können wir sie erlösen."

„Was heißt eigentlich ‚erlösen'?", will ich später von Hanna wissen. Hanna guckt mich nachdenklich an: „Oh, das ist ein sehr wichtiges Thema. Du weißt, Ylvie, jedes Lebewesen stirbt irgendwann. Und das Ende des Lebens nennt man Tod. Wenn ein Tier sehr krank oder sehr schwer verletzt ist und man weiß, dass es bald sterben wird, es sich aber nur noch quält, weil es zum Beispiel sehr starke Schmerzen hat oder schlimme Atemnot, dann entscheidet man manchmal, das Tier **einzuschläfern**. Ihm ein Medikament zu geben, damit es ruhig einschlafen kann und die Qualen nicht so lange ertragen muss. Das ist ‚erlösen'." Ich muss an Frieda denken. „Das ist aber eine große Verantwortung", meine ich grübelnd. „Zu entscheiden, dass das Tier sich nur noch quält." Hanna nickt: „Ja, Ylvie, da hast du recht. Das ist eine sehr große Verantwortung." Ruhig sitzen wir beide noch ein wenig und denken darüber nach.

EINE HANDVOLL LEBEN

Im Untersuchungszimmer steht ein kleiner Junge mit seinem Vater. In seinen Händen hält er einen kleinen Karton, so vorsichtig, als wäre dort etwas sehr Wertvolles drin. Und das ist es auch! Als ich näher komme, sehe ich zuerst nur etwas Rotbraunes. Und dann erkenne ich es: ein kleines **Eichhörnchenbaby**.
Der Junge berichtet, dass es von seiner Katze nach Hause gebracht wurde. „Na, dann gucken wir mal!"

Hanna nimmt das kleine Eichhörnchen aus dem Karton. „Schön warm", meint sie zufrieden, als sie es in den Händen hält. „Ja, wir haben gelesen, dass man es mit einer Wärmeflasche schon vorsichtig wärmen soll", sagt der Vater stolz. „Das haben wir gemacht!" Hanna guckt sich das kleine Eichhörnchen genau an: „Ein paar **Bisswunden** hat es abbekommen. Die Arme und Beine kann es normal bewegen, kein Hinweis auf Lähmungen oder Brüche. Das ist schon mal gut."

Hanna legt das Kleine auf eine **Waage**. „60 Gramm, die Augen geschlossen. Das Eichhörnchen ist noch sehr jung", erklärt Hanna. „Etwa 4 Wochen alt."

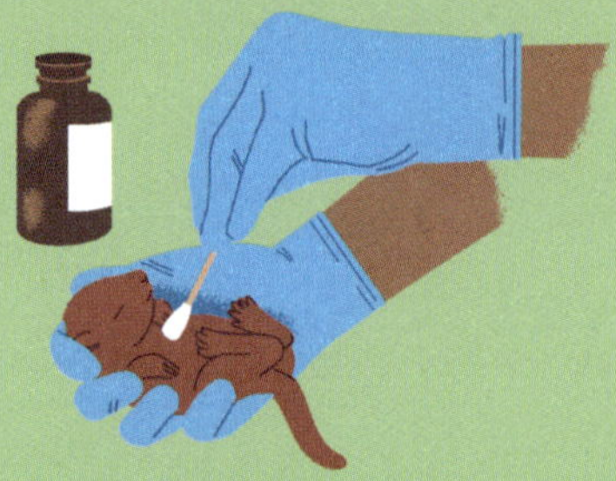

Hanna **säubert und desinfiziert** die Wunden und erklärt die nächsten Schritte:

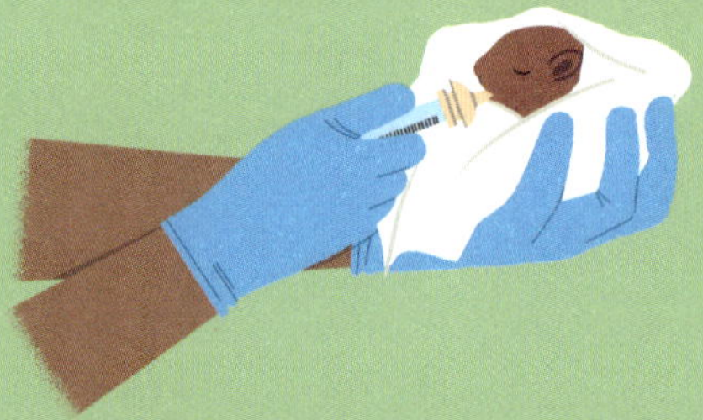

Das Eichhörnchen benötigt jetzt erst einmal etwas **Flüssigkeit**.

Da es im **Speichel** der Katze gefährliche Bakterien gibt, die durch den Biss übertragen werden können, benötigt es außerdem noch ein Antibiotikum.

Am liebsten möchte der kleine Junge das Eichhörnchenbaby nun wieder mitnehmen und selbst aufpäppeln. „Oh, das verstehe ich", meint Hanna liebevoll. „Es ist ja auch sehr süß. Aber ganz bald, wenn es etwas größer ist, braucht es viel Platz. Und es will doch mit anderen Eichhörnchenbabys gemeinsam aufwachsen. Das Kleine wäre am besten aufgehoben in einer Eichhörnchen-Auffangstation. Aber weißt du was?", Hanna guckt den Jungen zwinkernd an: „Vielleicht willst du es ja dort besuchen. Magst du ihm denn einen Namen geben? Es ist nämlich ein kleiner Junge." Oh ja, das möchte er, und ihm fällt auch sofort ein Name ein: „Friedrich!", ruft er spontan. „So heißt nämlich mein Opa, und den habe ich ganz doll lieb – genauso wie das Eichhörnchen."

Das sind Hannas Tipps, wie ich Eichhörnchen helfen kann:

Regentonnen und Pools sind eine große Gefahr für Eichhörnchen. Wenn sie daraus trinken wollen, können sie hineinfallen und kommen dann nicht mehr hinaus. Sie brauchen eine **Ausstieghilfe**, zum Beispiel einen stabilen Ast.

Eichhörnchen können das ganze Jahr über gefüttert werden. Geeignet sind zum Beispiel **Haselnüsse, Walnüsse und Sonnenblumenkerne**.

Es gibt spezielle **Futterhäuschen** für Eichhörnchen, die man an einem Baumstamm oder einem langen Stab anbringen kann. Auch ein **Wasserschälchen** kann man aufstellen.

EIN STACHLIGER FALL

„Jetzt wird's stachlig", flüstert Hanna geheimnisvoll, bevor wir ins Untersuchungszimmer gehen. Was meint Hanna wohl damit? Ob unser nächster Patient ein Igel ist? Ich habe recht! Puh, der wurde aber ganz schön zugerichtet. Hanna guckt mitleidig, als sie in die Kiste schaut. Schnittverletzungen an Schnauze, Rücken und Hinterbein.

Ich darf den Igel wiegen. 998 Gramm steht auf der Waage. Der Igel bekommt etwas Flüssigkeit mit einer Spritze, zudem noch ein Schmerzmittel und ein **Antibiotikum**. Hanna reinigt und versorgt die Wunden. Als sie fertig ist, ruft Martina in der Igelstation an. Es ist noch ein Platz frei! „Ach, sogar dreimal Glück gehabt", meint Hanna da und lächelt. „Den Mähroboter überlebt, von einem lieben Herrn gefunden und hergebracht worden und dann noch ein Plätzchen bei der lieben Doris ergattert. Bei so viel Glück kann es ihm ja nur ganz bald wieder besser gehen!"

Das sind Hannas Tipps, wie ich Igeln helfen kann:

Keine Mähroboter! Und wenn ein Mähroboter schon vorhanden ist, dann nur am Tage nutzen. Die Igel können in die Messer gelangen und dabei stark verletzt oder sogar getötet werden.

Gärten **naturnah** einrichten. Eine Ecke im Garten mit Wildblumen besäen. Das Laub im Herbst in einer Ecke liegen lassen für den Igel. Den Igeln fehlt es an **Nahrung** durch den Insektenmangel und an **Unterschlupfmöglichkeiten**.

Kellerschächte möglichst abdecken oder eine **Ausstiegsrampe** anbringen.

Im Sommer eine **Schale mit Wasser** hinstellen.

WILDTIER-ERSTE-HILFE

„Wildtiere werden uns immer wieder in die Praxis gebracht", erzählt Hanna, als wir wieder im Arztzimmer sind. „Tierkinder, die ihre Eltern verloren haben, aber auch erwachsene Tiere, die krank oder verletzt sind. Vor ein paar Wochen hatten wir sogar einen verletzten Schwan, neulich einen verletzten Bussard und vor wenigen Tagen einen Fuchs. Langweilig wird's hier nie!", lacht Hanna. „Ylvie, wollen wir mal gemeinsam überlegen, was man beim Fund eines Wildtiers tun sollte?" Wenn ein Tier verletzt oder krank ist, dann muss gehandelt werden. Das ist klar!

Doch wie sieht es mit einem **Hasenbaby** aus, das allein in der Wiese sitzt? Braucht auch das unsere Hilfe? Meist nicht. Das Hasenbaby versteckt sich in einer Mulde (einer kleinen Vertiefung im Boden) und wartet auf die Mutter, die nur 1- bis 2-mal pro Tag kurz zum Säugen vorbeikommt, aber ansonsten fernbleibt, um keine Feinde anzulocken. Dass das Hasenbaby alleine sitzt, ist also normal.

Ganz ähnlich ist es beim **Rehkitz**. Es soll normalerweise sitzen gelassen werden. Ansonsten trennt man es womöglich ohne Grund von seiner Mutter.

Und bei manchen Tieren (zum Beispiel Hase, Fuchs und Reh) muss zudem der **Jäger** benachrichtigt werden, wenn man das Tier mitnimmt. Sonst bekommt man großen Ärger.

Was man bei einem Wildtiernotfall tun sollte:

1

Ruhe bewahren und beobachten: Ist die Mutter vielleicht in der Nähe und will das Tierkind zu sich holen? Gibt es Geschwisterchen, die auch Hilfe benötigen?

2

Bevor man ein Tier einsammelt, am besten erst in einer Wildtierauffangstation anrufen. Die Wildtierpfleger können dir helfen zu entscheiden, ob das Tier tatsächlich in Not ist und mitgenommen werden soll und was die nächsten Schritte sind.

3

Sich selbst schützen. Trage beim Hochnehmen des Tieres Handschuhe oder nimm das Tier mit einer Decke, einer Jacke oder Ähnlichem auf. Wildtiere können zubeißen, wenn sie Angst oder Schmerzen haben. Insbesondere erwachsene Tiere! Zudem können sie Krankheiten haben, die auch für uns Menschen gefährlich sind.

4

Das Tier in eine ausbruchsichere Kiste setzen. Der Behälter sollte am besten ruhig, dunkel und natürlich belüftet sein. Auf jeden Fall Luftlöcher reinbohren!

5

Tierbabys (Ausnahme Feldhasen) müssen gewärmt werden. Es eignet sich zum Beispiel eine Wärmeflasche oder eine PET-Flasche, die mit körperwarmem Wasser gefüllt wird. Oder ein Kirschkernkissen.

6

Nichts zu trinken oder zu essen geben. Das Tier könnte sonst im schlimmsten Falle davon sterben.

7

Das Tier baldmöglichst in die Auffangstation bringen. Wenn das Tier **verletzt** ist, muss es in eine **Tierarztpraxis** gebracht werden.

Ich gucke etwas verlegen. Hoffentlich würde ich das im Notfall dann auch alles wissen!

EINE DICKE BACKE

Unser nächster Patient ist der kleine Hamster Finn. Er hat rechts eine ordentlich dicke Backe. Das Auge ist fast komplett zugeschwollen. Sieht schlimm aus! „Was hat er denn?", frage ich erschrocken. Hanna meint, dass die Schwellung eine mit Eiter gefüllte Höhle ist. Man nennt solch eine **Eiterhöhle** auch **Abszess**. Und da der Abszess von der Backentasche ausgeht, nennt man das Backentaschen-Abszess.

„Weißt du eigentlich, wofür die Backentaschen beim Hamster normalerweise da sind?", will Hanna von mir wissen. Und tatsächlich weiß ich das ganz genau. „Der Hamster sammelt dort sein Futter", antworte ich stolz. Da lächelt Hanna zufrieden und nickt.

Nur leider können die Sachen, die in den Backen landen auch spitz sein und spießen dann womöglich im Inneren der Backentasche in die Wand.

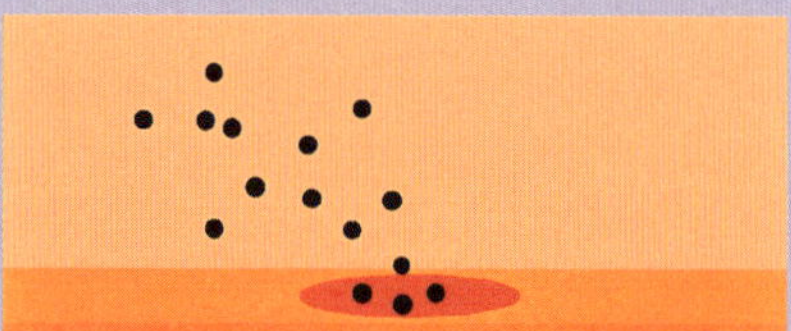

Dann entsteht eine kleine Wunde. Wenn nun Bakterien in diese Wunde gelangen und sie sich entzündet ...

... dann kann sich auch Eiter bilden, der sich in einer Art Höhle sammelt.

Um Finn zu helfen, muss die Eiterhöhle (also der Abszess) aufgeschnitten, vom Eiter geleert und gründlich gespült werden. Das machen wir in einer kleinen Operation unter Narkose. Der Abszess wird nach dem **Spülen** nicht komplett zugenäht, sondern extra offen gelassen. Denn er soll noch ein paar Tage weitergespült werden, um ihn ganz sauber zu haben, bevor er dann von selbst wieder zuwachsen darf. Finn benötigt ein Antibiotikum gegen die Bakterien und ein Mittel gegen die Schmerzen. Für das Auge bekommt er noch Augentropfen.

WEICHE KNOCHEN

Heute laufe ich bei Rosa mit. Sie kennt sich besonders gut mit Reptilien aus. Unsere Patientin ist eine anderthalb Jahre alte **Schildkröte** namens Roberta. Ihre Besitzerin berichtet, dass Roberta sich in den letzten Tagen kaum bewegt und nur wenig Appetit hat. Außerdem sei ihr beim Hochnehmen aufgefallen, dass der Panzer ganz weich ist.

„Und ziemlich stark verformt!", ergänzt Rosa, als sie Roberta anschaut.

„Normalerweise sollte die Oberfläche des Panzers glatt sein, hier ist sie ganz höckerig. Da müssen wir nun herausfinden, warum das so ist. Wie ist sie denn untergebracht? Und was für Nahrung bekommt sie?", fragt Rosa. Die Besitzerin erklärt, dass Roberta in einem großen **Terrarium** wohnt mit viel Tageslicht. Als Futter bekommt Roberta vor allem Salat und Obst. Nun hat Rosa schon viel erfahren. Um noch mehr Informationen zu erhalten, macht sie ein Röntgenbild und nimmt Blut ab. Auch etwas Kot wird gesammelt und untersucht.

Das Röntgenbild wird durch die Blutuntersuchung bestätigt. Im Blut findet sich zu wenig Kalzium und zu wenig Vitamin D. Die Kotprobe ist unauffällig. Rosa weiß nun, was Roberta fehlt: „Sie hat eine Erkrankung, die man **Rachitis** nennt. Sie entsteht durch einen **Mangel an Kalzium** im Knochen." Tiere mit Rachitis haben nicht nur Verformungen, sondern auch starke Schmerzen in den Knochen. Daher bewegen sie sich weniger. Am Ende fällt selbst das Essen schwer.

Kalzium macht den Knochen hart und stabil. Wenn es fehlt, werden die Knochen weich. Ein Grund für zu wenig Kalzium im Körper kann sein, dass zu wenig davon mit der Nahrung aufgenommen wird. Aber auch ein Mangel an **Vitamin D** kann zu dieser Erkrankung führen. Denn das Vitamin D wird benötigt, damit das Kalzium in den Knochen eingelagert wird. Um das Vitamin D zu bilden, wird wiederum **UV-Licht** benötigt. Normalerweise aus dem Sonnenlicht. Wenn nicht genug UV-Licht vorhanden ist, wird somit auch nicht genug Vitamin D gebildet und zu wenig Kalzium in den Knochen aufgenommen.

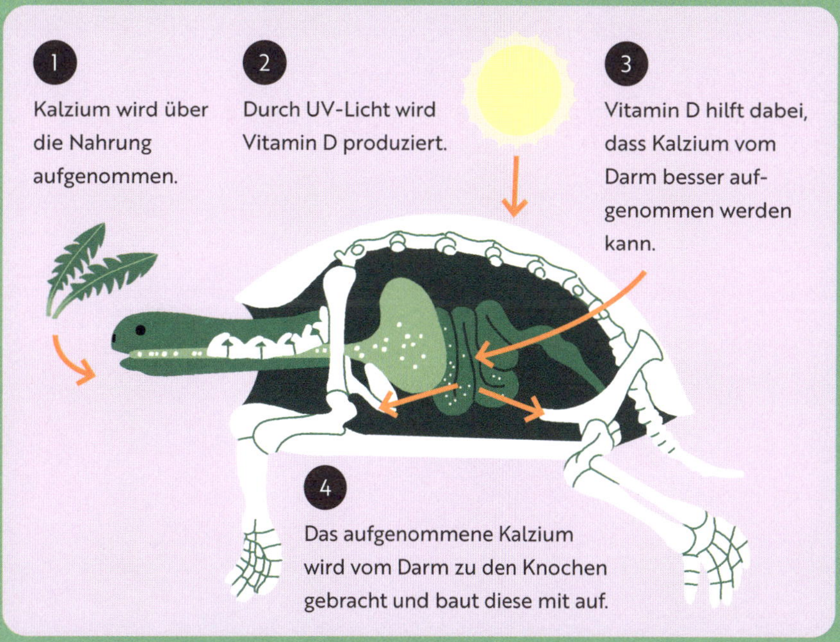

„Aber wie kommt es denn bei Roberta zu der Erkrankung? Sie hat doch so viel Tageslicht", fragt die Besitzerin erschrocken. Rosa erklärt, dass die für die Knochen wichtigen UV-Strahlen im Tageslicht gar nicht zu Roberta in ihr Terrarium kommen, weil sie vorher durch die Fensterscheiben herausgefiltert werden. Roberta braucht eine zusätzliche UV-Lampe im Terrarium. Oder sie bekommt die Möglichkeit für tägliche Sonnenbäder draußen.

Robertas **Futter** enthält auch zu wenig Kalzium. Die Nahrung sollte aus Heu und Wildkräutern bestehen. Viel Kalzium enthalten zudem gekochte Eierschalen oder Sepiaschalen (die „Rückenknochen" von Tintenfischen). Roberta bekommt nun erst einmal eine Spritze mit Vitamin D und für zu Hause ein kalziumhaltiges Pulver, das über die Nahrung gestreut werden soll.

?

Später zeigt mir Rosa noch ein Röntgenbild von einer anderen Schildkröte. Hast du eine Idee, was für Kügelchen das sind? **Auf Seite 61 gibt es die Auflösung.**

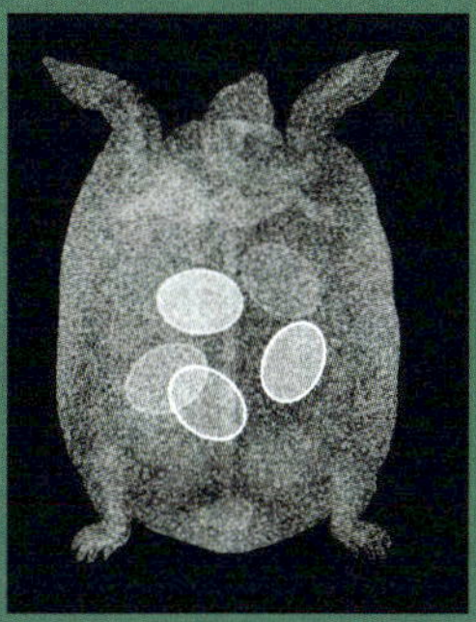

EXOTEN

Exotische Tiere haben meist sehr spezielle Anforderungen. Die Halter dieser Tiere kennen sich jedoch häufig nicht genug mit diesen aus und halten die Tiere daher falsch. „Die Tiere werden dann krank. Darum ist es wichtig, die Besitzer über die richtige Haltung der Tiere aufzuklären", erklärt mir Rosa.
Rosa hat noch eine Aufgabe für mich. Sie zeigt mir Fotos von verschiedenen exotischen Tieren, die häufig als Haustiere gehalten werden. Ich soll die Namen den Tieren zuordnen und recherchieren, wie groß sie werden, wo sie wohnen, was sie fressen und wie sie leben.

?

Na, hast du auch Lust mitzumachen?

Folgende Tiere sind zu sehen:

Zebrafink
Panther-Chamäleon
Bartagame
Königsboa
Axolotl
Chinchilla
Sugar Glider
Grüner Leguan
Sonnensittich
Seepferdchen
Taggecko
Königsnatter
Königspython

Auf den Seiten 62–63 gibt es die Auflösung.

1

2

3

4

5

6

7

8

9

10

11

12

13

KOMM, STEH AUF!

Heute bin ich mit Leon unterwegs zu den Großtieren. Dafür bekomme ich noch spezielle **Arbeitskleidung**: einen grünen Kittel und grüne Gummistiefel. Alles ist viel zu groß! Als Leon mich anschaut, kann er sich ein Grinsen nicht verkneifen: „Na, da musst du wohl noch etwas reinwachsen. Aber passt! Wie eine richtige Großtierärztin siehst du aus!"

Bevor wir losfahren, füllt Leon den Kleinbus noch frisch auf mit Medikamenten, Spritzen, Untersuchungsmaterial und sogar einer Laborausrüstung. Das **Tierarztmobil** ist tatsächlich wie eine kleine Tierarztpraxis auf vier Rädern!

Und dann geht's endlich los! Auf dem Weg zum ersten Bauernhof erzählt mir Leon von seinem Alltag als Großtierarzt: „Das ist ganz anders als die Arbeit in der Kleintierpraxis. Ich bin immer unterwegs auf Hausbesuchen. Meine Patienten sind Kühe und Pferde, aber auch Schafe, Ziegen, Schweine und manchmal sogar Alpakas. Ich arbeite viel mit den Landwirten zusammen. Natürlich geht es vor allem darum, Tiere zu behandeln, wenn sie krank sind. Aber ich berate die Landwirte auch, was sie tun müssen, damit ihre Tiere erst gar nicht krank werden."

Solch ein Festliegen einer Kuh kurz nach der Geburt ihres Kalbes ist sehr typisch für eine Erkrankung, die man **Milchfieber** nennt. Sie entsteht durch einen **Mangel an Kalzium** im Blut.

Die Kuh braucht Kalzium für ihre Muskeln und Knochen.

Für das Kalb produziert die Kuh kurz vor der Geburt viel Milch und braucht hierfür sehr viel Kalzium.

Dadurch hat die Kuh aber viel weniger Kalzium für sich selbst zur Verfügung. Sie kann nicht mehr aufstehen, weil die Muskeln in den Beinen zu schwach sind.

Auch die Muskeln von Darm oder Herz können betroffen sein. Dann funktioniert die Verdauung nicht, und das Herz pumpt nicht mehr richtig. Und das kann schnell lebensgefährlich werden.

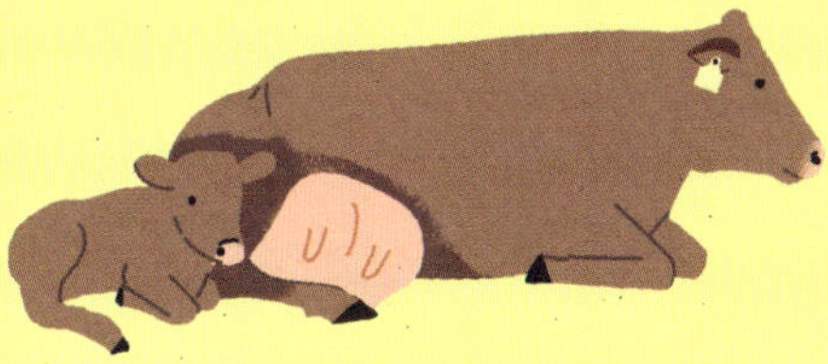

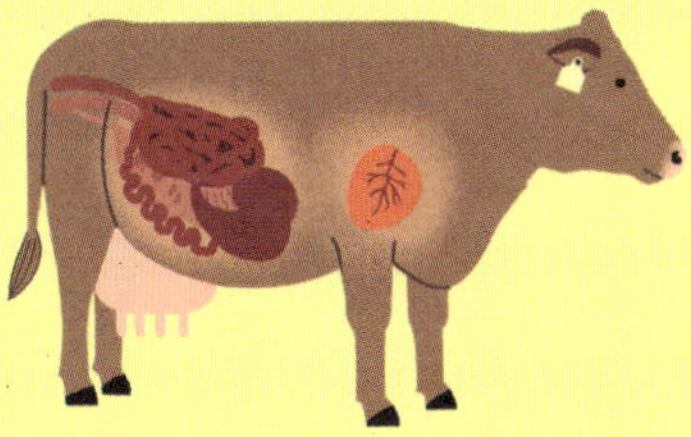

„Doch es gibt auch andere Ursachen, warum eine Kuh nicht mehr aufstehen kann", erklärt Leon. „Das kann zum Beispiel ein Infekt, die Verletzung eines Muskels oder eine Nervenschädigung sein. Diese Ursachen müssen ausgeschlossen werden."
Leon untersucht die Kuh sehr gründlich. Dabei fällt nichts Außergewöhnliches auf, außer eine deutlich erniedrigte **Körpertemperatur**. Und die ist tatsächlich sehr typisch für einen Mangel an Kalzium im Blut. Also doch!

Um die Menge an Kalzium im Blut zu steigern, erhält unsere Patientin eine **Infusion** mit einer kalziumreichen Flüssigkeit. Auch Zucker ist enthalten. Nach 10 Minuten ist die gesamte Flüssigkeit in die Vene hineingelaufen. Leon wartet noch etwas. Dann versucht er zusammen mit dem Landwirt, die Kuh etwas anzutreiben. Und es funktioniert tatsächlich! Sie steht wieder auf! Juhu!

Mission erfüllt! Bevor wir weiterfahren, spritzen wir unsere Stiefel sorgfältig mit Wasser ab. „Denn wir wollen keine Keime von einem Hof zum nächsten bringen!", erklärt Leon. Mit blitzeblanken Gummistiefeln steige ich also wieder ins Praxismobil. Auf zum nächsten Fall!

FIEBERAUSBRUCH

Als wir mit unserem Praxismobil unterwegs zum Hof der Familie Schmidt sind, erzählt mir Leon, dass dort ein Kalb mit **Husten und Fieber** auf uns wartet. Am Hof angekommen, geht's gleich in den Stall.

Ein Kalb liegt schlapp auf dem Boden. Offenbar geht es ihm nicht gut. „Fällt dir sonst noch was an dem Kalb auf?" Hm, worauf Leon wohl hinauswill? Aber etwas sehe ich tatsächlich: „Da fließt Flüssigkeit aus der Nase."

„Ganz richtig!" Leon nickt zustimmend. „Und nun zähl mal die Atemzüge pro Minute! Guck dabei, wie sich die Bauchdecke zur Seite hebt und senkt." Das mache ich, ganz konzentriert, um mich nicht zu verzählen.

„53!", zähle ich. „53? Das sind viele", antwortet Leon. „30 bis 45 Atemzüge wären normal. Offenbar bekommt das Kalb schlecht Luft und versucht, das durch schnelleres Atmen auszugleichen."

Nun macht Leon mit der Untersuchung weiter. Er hört Herz und Lungen ab. Nichts Auffälliges! Dann misst er die Körpertemperatur. „41 Grad Celsius (°C)! Das ist viel zu hoch. Das Kalb hat Fieber", erklärt er mir.

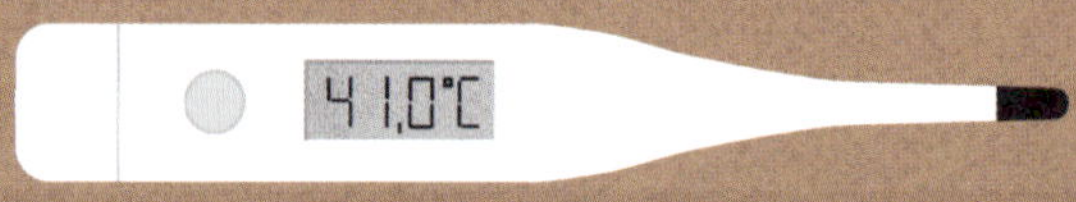

Leon begutachtet auch die anderen Kälber im Stall. Da in der Mitte liegt noch eins. Leon misst die Temperatur: 40,3 °C. Auch Fieber! Nun schaut sich Leon alle Rinder im Stall genau an und misst die Temperatur. Ich schreibe die Messergebnisse auf einem Block mit. Noch zwei weitere Kälber haben Fieber. „Mal wieder die **Rindergrippe**!", seufzt Leon.

Leon erzählt, dass die Rindergrippe neben **Durchfall** eine der häufigsten Erkrankungen bei Kälbern ist. „Sie ist sehr gefährlich und kann zu bleibenden Lungenschäden führen. Man muss daher schnell mit der Behandlung beginnen und eine weitere Ausbreitung verhindern!" Verursacht wird sie durch bestimmte **Viren**. Diese schädigen die Schleimhäute des Atmungssystems. Dann haben **Bakterien** leichteres Spiel, sich dort auszubreiten. Die erkrankten Kälber bekommen ein Antibiotikum und ein Medikament, das die Entzündung in der Lunge stoppen soll. Außerdem ein schleimlösendes Mittel. Alle Kälber im Stall erhalten zudem eine **„Notimpfung"** über die Nase. Um das Immunsystem im Kampf gegen die Krankheitserreger zu unterstützen.

„Wichtig ist auch eine gute **Hygiene**. Stiefel müssen mit Wasser abgespritzt, Hände gewaschen und Kittel gewechselt werden. Damit die Tiere in den anderen Ställen nicht auch noch krank werden." Leon spricht noch einmal mit Herrn Schmidt über die Haltung der Rinder. Er meint, dass man da noch etwas verbessern kann: „Die Ställe müssen täglich gereinigt werden. Die Anzahl der Kälber im Stall ist zu groß. Und es gibt Zugluft. Einige Bereiche im Stall sind zu dunkel. Dort sollten keine Kälber stehen.

Am nächsten Tag will Leon wieder bei dem Hof vorbeifahren, um zu gucken, ob es den erkrankten Kälbern mittlerweile besser geht. Er erzählt mir, dass er dann noch einmal bei allen Kälbern Fieber messen wird. Da will ich auch wieder dabei sein!

FAULIGE KLAUEN

„Auf dem Hof von den Blümles werden wir ordentlich was zu tun haben. Dort scheint es bei den Schafen Fälle von **Moderhinke** zu geben“, sagt Leon. „Moder – was?“, platzt es aus mir heraus. „Moderhinke“, wiederholt Leon. Ich mache offenbar ein sehr ratloses Gesicht, denn Leon lacht laut auf. „Das ist eine **Erkrankung der Klauen**. Du weißt, was die Klauen bei den Schafen sind, oder? Sie sind so etwas Ähnliches wie die Hufe bei den Pferden. Bei der Moderhinke kommt es zu einer Entzündung dieser Klauen, verursacht durch winzige Krankheitserreger (Bakterien).“

Die Klaue ist durch die Entzündung gerötet. Wenn die Erkrankung fortschreitet, kann man faulig stinkenden Eiter riechen. Die Bakterien zerfressen das Hornmaterial Schritt für Schritt. Nicht ohne Grund nennt man die Krankheit auch Klauenfäule.

Die an Moderhinke erkrankten Tiere haben starke Schmerzen beim Auftreten und können daher nicht mehr richtig laufen. Die Erkrankung ist ansteckend und breitet sich schnell in der Herde aus.

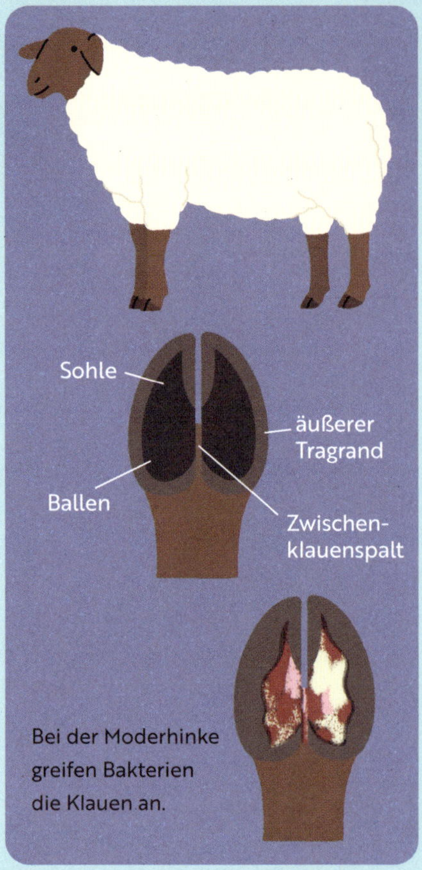

Bei der Moderhinke greifen Bakterien die Klauen an.

Als wir am Hof ankommen, kommt uns Frau Blümle schon aufgeregt entgegen. Beim Blick auf die Weide sehen wir, wie zwei der Schafe im Gras knien und fressen. „Das ist ein ganz typisches Bild für diese Erkrankung“, erklärt mir Leon, „Weil es den Tieren so wehtut, auf den Klauen zu stehen, stützen sie sich beim Fressen lieber auf die Vorderknie. Wir müssen nun bei jedem einzelnen Tier die Klauen genau untersuchen und einen **Klauenschnitt** machen.“

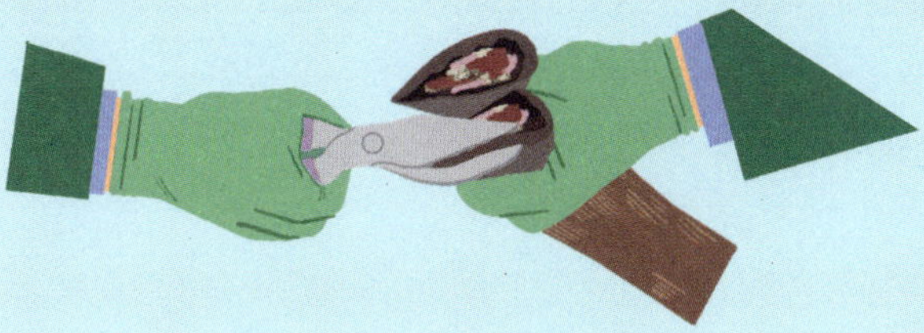

Das Horn wird zurückgeschnitten. Bei den erkrankten Tieren sollen zudem möglichst alle von der Moderhinke betroffenen Hornteile entfernt werden.

Wichtig: Das Werkzeug für den Klauenschnitt muss zwischen den einzelnen Tieren immer wieder gereinigt und desinfiziert werden. Sonst stecken sich gesunde Tiere an.

Die Klauen von den erkrankten Tieren werden danach mit einem antibiotikahaltigen (also gegen Bakterien wirksamen) **Wundspray** besprüht.

Die erkrankten Tiere bekommen noch eine **Spritze** mit einem Antibiotikum, das zusätzlich „von innen" gegen die Bakterien wirken soll.

Dann kommen sie in den gereinigten Stall mit frischer **Einstreu**. Es ist wichtig, dass alles sauber und trocken ist.

Die bisher gesunden Tiere müssen in einem **Klauenbad** mit einer speziellen desinfizierenden Badelösung stehen.

Danach bleiben sie noch eine Weile auf dem Betonplatz stehen, damit die Lösung gut einwirken kann.

Schließlich werden sie auf einen neuen Weideplatz gebracht. Der alte Weideplatz darf mindestens 4–6 Wochen nicht genutzt werden.

Leon erklärt Frau Blümle wie's nun weiter geht: „Das mit dem Wundspray muss jeden Tag wiederholt werden bei den kranken Tieren. Wenn ein weiteres Schaf hinkt, rufen Sie mich an. Dann kommt das zu den anderen kranken Schafen im Stall und muss mit Antibiotikum behandelt werden. Wenn es keine neuen kranken Tiere gibt, komme ich einfach in einer Woche wieder und schneide die Klauen der kranken Tieren nach. Und ganz wichtig: Der Stall muss sauber und trocken gehalten werden." Frau Blümle seufzt erschöpft: „So machen wir's!" Und Leon wiederholt bestimmt: „So machen wir's! Und so bekommen wir die Moderhinke auch ganz bald wieder los."

EIN FOHLEN IM STALL

„Heute Nacht ist auf dem Ponyhof von den Meiers ein **Fohlen geboren**", erzählt Leon freudestrahlend, als ich morgens in die Praxis komme. „Ich fahre gleich los, um es zu untersuchen. Willst du mitkommen, Ylvie?" Was für eine Frage! Na, und ob ich das will! Ein neugeborenes Fohlen sehen, ich bin so gespannt!

Das kleine Fohlen steht neben seiner Mutter Bella im Stall. Auf seinen dünnen Beinchen sieht es noch etwas wackelig aus. Leon fragt nach, wie die Geburt verlaufen ist. „Keinerlei Probleme! Bella hat das großartig gemacht", meint Frau Meier stolz. „Und das Kleine ist auch vorbildlich: hat schon das **Darmpech** abgesetzt, Pipi gemacht und bei der Mama getrunken." Leon ist sehr zufrieden. „Großartig! Dann gucke ich mir die beiden mal an!"

Darmpech ist der erste Stuhl eines neugeborenen Fohlens. Es ist ganz dunkel.

Zuerst untersucht Leon die Stute Bella. „Alles in Ordnung!", bestätigt er bald. Dann lässt sich Leon die Nachgeburt zeigen. „Diese **Nachgeburt** wird nach der Geburt von der Mutter ausgestoßen und besteht aus **Fruchtblase, Plazenta und Nabelschnur**. Es ist wichtig, dass die Nachgeburt komplett ist. Denn wenn davon etwas in der Stute zurückbleibt, kann die Stute sehr krank werden. Das muss ich nun prüfen." Er begutachtet das seltsam aussehende Etwas im Eimer und gibt bald Entwarnung: „Alles komplett!" Perfekt!

In der **Fruchtblase** entwickelt sich das Fohlen im Bauch der Mutter. Über die **Plazenta** und die **Nabelschnur** wird es mit Nährstoffen und Sauerstoff aus dem Körper der Mutter versorgt.

Nun ist das Fohlen dran. „Hat es denn schon einen Namen?“, will Leon wissen. „Ja, Henry heißt es! Das bedeutet so viel wie Herr im Haus!“, meint Frau Meier. „Na, das passt gut!“, meint Leon und schmunzelt. Und dann untersucht er Henry gründlich von Kopf bis Huf. Auch die **Nabelschnur** inspiziert er genau. Beziehungsweise, was davon übrig ist. „Nach der Geburt reißt sie ab“, erklärt mir Leon. „Es bleibt dann nur ein kleiner Rest übrig. Und den desinfiziere ich jetzt noch einmal, damit dort keine Keime eindringen können.“
Zum Schluss nimmt Leon etwas Blut ab. „Damit wird ein Schnelltest gemacht. Dieser zeigt an, ob das Fohlen über die Erstmilch (das sogenannte **Kolostrum**) genug Antikörper aufgenommen hat. Und diese Antikörper messen wir jetzt mit dem Schnelltest. Wenn das Fohlen die Erstmilch nicht trinkt oder die Milch zu wenig schützende Antikörper enthält, ist das Fohlen sehr anfällig für Infektionen. Es kann dann krank werden und sogar sterben.“

Das **Kolostrum** ist die allererste Milch, die die Stute für ihr Fohlen herstellt. Sie enthält wertvolle Stoffe, die das Fohlen vor Infektionen schützen. Sogenannte Antikörper!

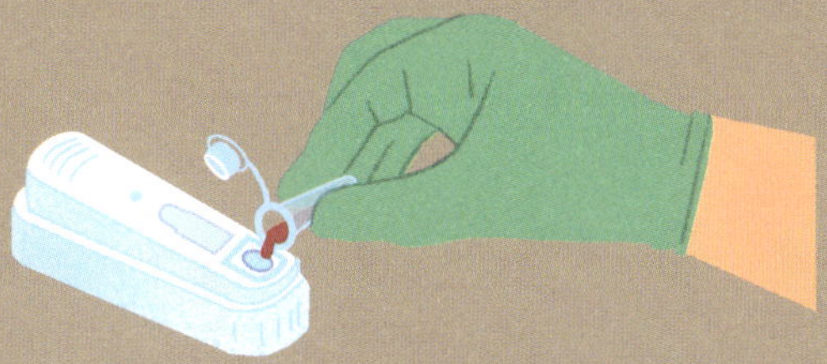

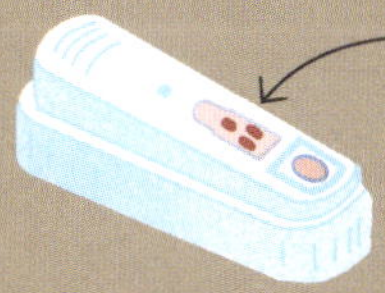

An diesen Punkten kann abgelesen werden, ob das Fohlen genug **Antikörper** aufgenommen hat.

Nach wenigen Minuten ist das Testergebnis verfügbar. Henry hat genug Antikörper. Wie gut! Alles in Ordnung mit dem Kleinen! Ich mache noch schnell ein Erinnerungsfoto von Henry und mir. Und dann müssen wir auch schon wieder weiter.

?

DAS FOHLEN-QUIZ

1. Wie lange ist die Tragzeit eines Fohlens?

A: 30–60 Tage
B: 120–160 Tage
C: 320–360 Tage
D: 620–660 Tage

2. Wie wird das Fohlen geboren?

A: mit dem Kopf voran
B: mit den Hinterbeinen voran
C: mit dem Po voran
D: mit den Vorderbeinen voran

3. Wann steht das Fohlen das erste Mal auf?

A: einige Minuten nach der Geburt
B: mehrere Stunden nach der Geburt
C: mehrere Tage nach der Geburt
D: mehrere Wochen nach der Geburt

4. Wie heißt das Fohlen, wenn die Mutter ein Pferd und der Vater ein Esel ist?

A: Maulesel
B: Maultier
C: Pfaultier
D: Pferdesel

5. Behalten alle Fohlen ihre Fellfarbe, die sie bei Geburt haben?

A: Ja, die Farbe bleibt so.
B: Nein, dunkle Fohlen können später noch weiß werden.
C: Nein, weiße Fohlen können später noch farbig werden.
D: Nein, die Scheckung bei den Schecken entsteht erst nach der Geburt.

Die Lösungen gibt es auf Seite 63!

DER WEG ZU MEINEM TRAUMBERUF

Tierärztin – das will ich werden! Erst recht nach dieser spannenden Woche ... Zum Schluss erzählt mir Hanna noch etwas mehr über diesen Beruf:
Erst einmal muss man viel lernen. Man braucht supergute Noten in der Schule, sonst bekommt man keinen Studienplatz an der **Universität**. Das Studium ist vom Prinzip her ähnlich wie Schule: mit verschiedenen Lehrenden, Unterrichtsstunden (jetzt heißen sie Vorlesungen) und **Praktika** (Workshops). Doch dreht sich nun alles um die verschiedenen Tiere, ihre Krankheiten und wie man sie behandelt. Dieses Studium dauert mehrere Jahre.
Wenn man dann endlich Tierarzt oder Tierärztin geworden ist, gibt es viele Möglichkeiten. Man kann z. B. in einer **Praxis** arbeiten. In manchen Praxen werden sowohl Klein- als auch Großtiere behandelt (wie bei Hanna), in anderen entweder nur Kleintiere oder nur Großtiere. Während die Kleintiere meist direkt in der Praxis versorgt werden, fahren Großtierärzte und Großtierärztinnen dafür von Hof zu Hof. So wie Leon! Durch mobile Kleintierpraxen können aber auch Kleintiere zu Hause besucht werden. Man kann sich auch spezialisieren auf z. B. Vögel, Reptilien, Fische – und sogar Bienen! Oder man arbeitet in einem Zoo und betreut dort die Zootiere. Und dann gibt es noch die großen **Tierkliniken**! Dort werden die Tiere rund um die Uhr versorgt und können sogar über Nacht und für mehrere Tage bleiben. Genau wie in einem Krankenhaus für Menschen! Manche Kliniken spezialisieren sich auch auf eine einzelne Tierart, z. B. Pferde oder Kühe. Auch in solchen Spezialkliniken kann man arbeiten. Und manche Tierärztinnen und Tierärzte behandeln gar keine Tiere, sondern sind in Laboren, in Ämtern oder in der Industrie tätig.

So viele Möglichkeiten. Doch bis ich Tierärztin werde, ist das ja noch ewig hin! Aber Hanna meint, dass es viele tolle Sachen und Angebote gibt, bei denen ich jetzt schon mitmachen kann, um mehr über die Tiere zu lernen und ihnen zu helfen. Ich habe zusammen mit Hanna einige Ideen gesammelt. Vielleicht ist da auch was für dich dabei!

Jugendgruppe-Treffen im Tierheim

Vogel- oder Insektenzählung vom Naturschutzverein

Bei Hilfsaktionen vom Naturschutzverein mitmachen, wie bei der Krötenwanderung im Frühjahr

Bücher über Tiere und Tierschutz

Fledermaus-Nachtwanderung

Weniger Plastik verwenden, denn Tiere fressen es und werden krank

Gassi gehen mit Hund aus dem Tierheim

Vogelführung vom Naturschutzverein

Ecke im Garten mit Wildblumen für Insekten besäen und im Herbst einen Laubhaufen für Igel liegen lassen

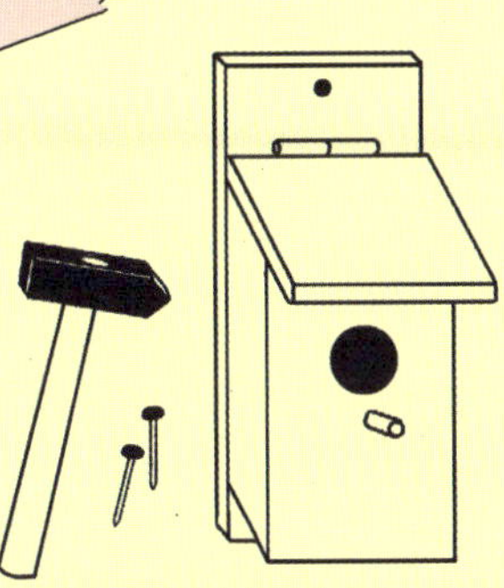

Nistkasten bauen und aufhängen

Tränke und eine Futterstelle für Vögel im Garten aufstellen

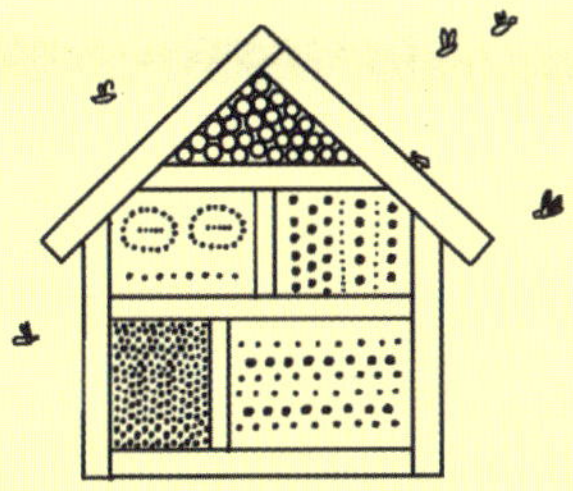

Insekten-Nisthilfe herstellen und aufhängen

Wald- oder Gewässerentdeckungstour

Tierforschertagebuch erstellen

Tier- oder Naturschutzprojekt in der Schule organisieren

Nicht mehr die Enten im Park füttern, denn das ist nicht gut für sie

Artikel über Tiere oder Tierschutz in der Schülerzeitung verfassen

LÖSUNGEN

Seite 7:

Es sind die beiden Unterarmknochen. Sie heißen Elle und Speiche.

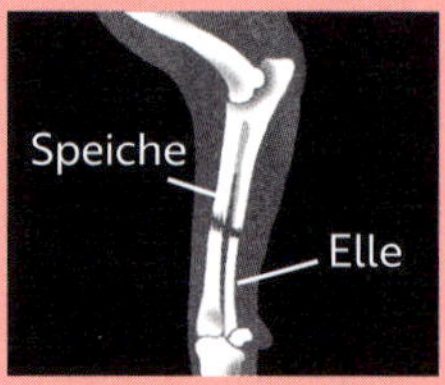

Seite 17:

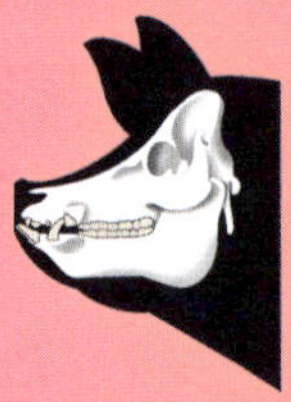

Schädel 1 ist von einem Schwein. Schweine sind Allesfresser. Das heißt, sie fressen sowohl Pflanzen als auch Fleisch. Und das kann man am Gebiss gut erkennen! Alle Zahntypen (Schneide-, Eck- und Backenzähne) sind gut entwickelt. Mit den scharfen Schneidezähnen und den spitzen Eckzähnen kann das Schwein das Fleisch perfekt verarbeiten. Mit den breiten Backenzähnen wird die pflanzliche Kost zermalmt.

Schädel 2 ist von einem Pferd. Pferde sind Pflanzenfresser. Sie haben breite, kräftige Backenzähne, die perfekt zum Mahlen der Pflanzennahrung geeignet sind. Die Schneidezähne sind kräftig und spitz und eignen sich zum Abschneiden der Pflanzen. Die kleinen Hengstzähne entsprechen unseren Eckzähnen, haben beim Pferd aber keine wichtige Funktion mehr und fehlen nicht selten.

Übrigens: Die Zähne beim Pferd nutzen sich beim Fressen ab. Um dies auszugleichen, hat das Pferd besonders lange Zahnkronen, die sich etwa 2 bis 3 Millimeter pro Jahr aus dem Kiefer nach oben schieben. Bei uns Menschen ist das nicht nötig. Unsere Zahnkronen sind mit einem sehr starken Zahnschmelz überzogen, sodass sich die Kauflächen nicht abnutzen.

Kaninchen Mümmel: Mümmel hat eine Zahnfehlstellung. Wie bei anderen Nagern wachsen die Zähne beim Kaninchen das ganze Leben lang. Normalerweise reiben sie sich beim Fressen ab, sodass sie nicht zu lang werden. Doch wenn das Tier eine Zahnfehlstellung hat und obere und untere Schneidezähne beim Fressen gar nicht aufeinandertreffen, dann können sie sich auch nicht abreiben. Und das ist ein Problem! Die Zähne wachsen dann ungehindert weiter und werden immer länger. Sie müssen regelmäßig gekürzt oder gezogen werden. Sonst kann das Kaninchen nichts mehr fressen und muss verhungern. Zahnfehlstellungen sind bei Zwergkaninchen leider sehr häufig. Dies kommt auch, weil die Zwergkaninchen meist so gezüchtet werden, dass sie besonders kurze und runde Köpfe haben. Niedlich sieht das aus – führt aber eben häufig zu den genannten Problemen!

Übrigens: Auch das Futter hat einen Einfluss auf die Abnutzung der Zähne. Bei Fertigfutter werden die Kauflächen von den Backenzähnen nicht ausreichend abgerieben. Die Backenzähne wachsen dann einfach weiter, werden zu lang und bilden scharfe Kanten. Fertigfutter ist daher nicht geeignet für Kaninchen. Stattdessen sollte hauptsächlich Heu verfüttert werden mit zusätzlichem Frischfutter, wie zum Beispiel Blättern, Kräutern, Gemüse und Obst.

Seite 9:

1: Kuh

2: Kaninchen

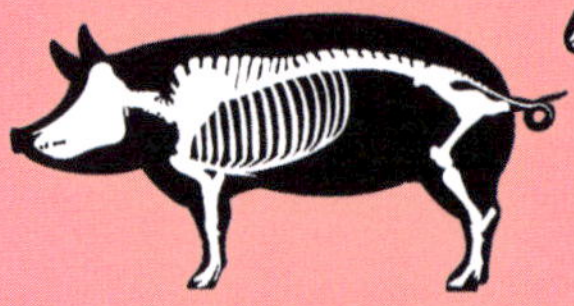

3: Schwein

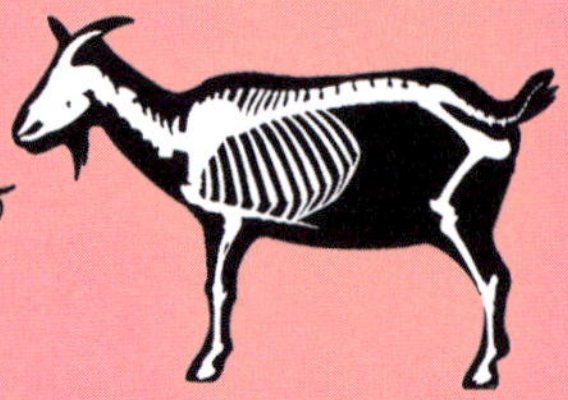

4: Ziege

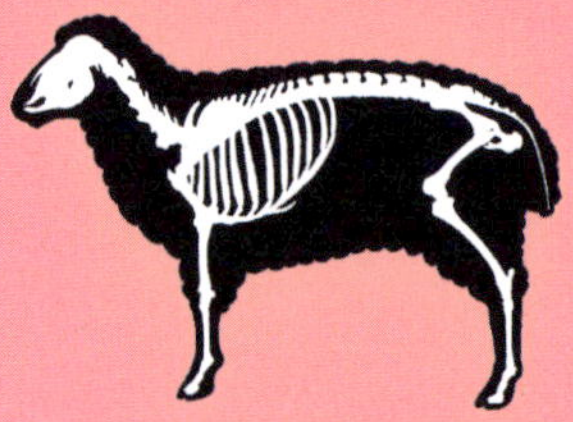

5: Schaf

6: Huhn

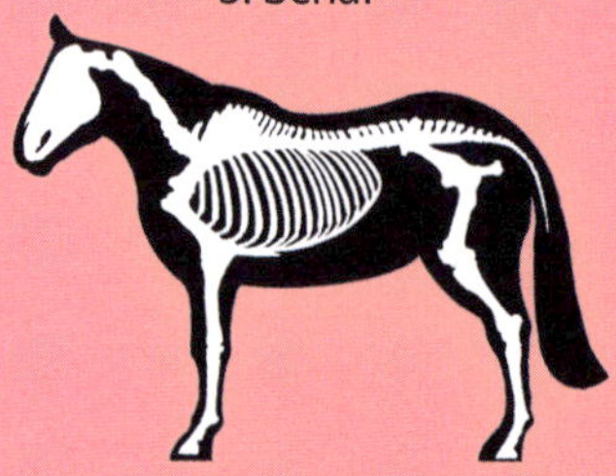

7: Pferd

8: Ratte

Seite 20:

Es handelt sich um Babesien. Das sind kleine einzellige Parasiten, die die roten Blutkörperchen befallen und zerstören. Sie sehen aus wie kleine Birnen. Und die Krankheit, die diese kleinen Birnen verursachen, nennt man Babesiose. Häufig wird sie auch als Hundemalaria bezeichnet, weil die Beschwerden der „echten" Malaria ähnlich sind. Die Krankheitserreger sind aber unterschiedlich! Die Babesien werden, wie eine Reihe anderer Parasiten, durch Zecken übertragen. Am besten verhindert man dies, indem man die Zecken fernhält. Das kann man zum Beispiel mit Mitteln, die im Nacken auf die Haut aufgetragen werden (sogenannte Spot-ons), oder über Tabletten, die man dem Hund unters Futter mischt. Wenn dennoch eine Zecke gefunden wird, muss diese schnell entfernt werden.
Die Hundemalaria war ursprünglich eine typische Reisekrankheit. Mittlerweile findet man die Babesien jedoch auch vermehrt bei uns.

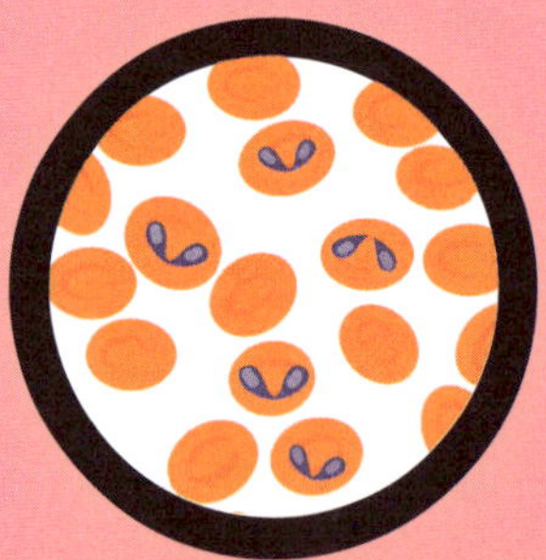

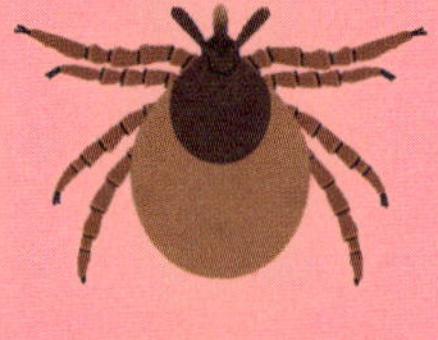

Zecke

Seite 21:

In Frettchen Lous Ohren sind Ohrmilben zu finden. Ohrmilben sind Parasiten der Haut. Sie besiedeln die Haut des äußeren Ohrs (äußerer Gehörgang und Gehörmuschel) und verursachen dort eine Entzündung. Die Krankheit, die durch die Ohrmilben verursacht wird, nennt man Ohrräude.

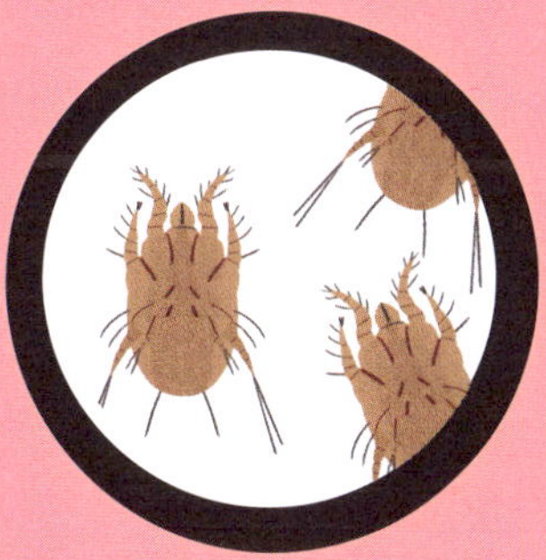

Seiten 28/29:

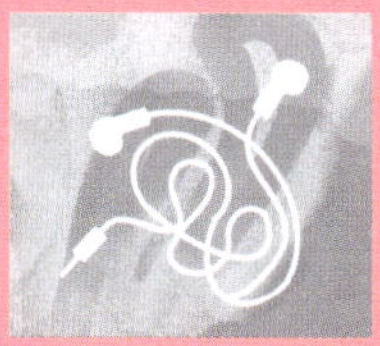

1: Kopfhörer

2: Glöckchen

3: Nähnadel

4: Steine

Seite 47:

Die Kügelchen sind Eier. Das Röntgenbild wurde gemacht, weil sich die Schildkröte sehr auffällig verhalten hat. Sie wurde plötzlich unruhig, hat an verschiedensten Stellen versucht zu graben und wollte nichts mehr fressen.
Im Röntgenbild sieht man den Grund: Sie hatte eine sogenannte „Legenot". Sie konnte ihre fertigen Eier nicht ablegen.

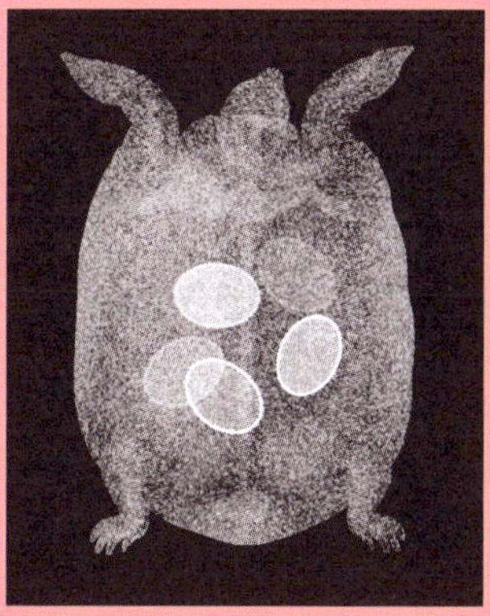

Manchmal ist der Grund für eine Legenot, dass die Schildkröte keinen guten Platz für die Eiablage findet. Vielleicht wird sie zu kalt gehalten oder bekommt zu wenig Kalzium oder UV-Licht. Und manchmal hat sie einfach zu viel Stress.

Wenn nun ein geeigneter Platz zum Ablegen der Eier angeboten wird, kann dies häufig schon reichen. Manchmal hilft Wärme, zum Beispiel durch eine Heizmatte. Auch ein warmes Bad kann eine gute Wirkung haben. Wenn alles nicht hilft, müssen die Eier durch eine OP entfernt werden.

Seite 24:

Die bei Wusel und Strolchi gefundenen Parasiten sind Kokzidien. Das passt auch zu den Beschwerden mit Durchfall. Durch die Kokzidien wird die Darmwand geschädigt und damit angreifbarer für den Befall mit Pilzen oder Bakterien.

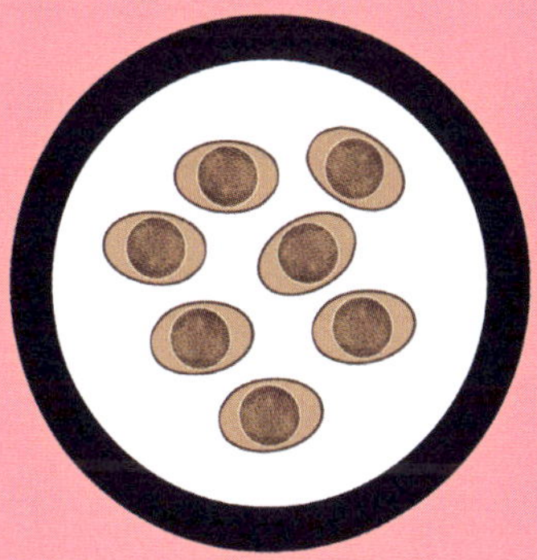

Wusel und Strolchi bekommen ein Medikament, das die Kokzidien abtöten soll. Das müssen sie auch zu Hause weiter erhalten. Zusätzlich bekommen beide eine Spritze mit Flüssigkeit und eine Spritze mit Vitaminen (B-Vitaminen). Solange sie nicht richtig fressen wollen, bekommen sie den Nahrungsbrei über eine Spritze (natürlich ohne die Nadel) eingeflößt. Dass sie regelmäßig Futter bekommen, ist nämlich sehr wichtig, weil es sonst zu weiteren Verdauungsproblemen kommt. Um die Kokzidien wieder loszuwerden, ist es zudem sehr wichtig, den Stall gründlich zu reinigen und zu desinfizieren.

Seite 35:

Im Röntgenbild kannst du die einzelnen Wirbel erkennen. Sie erscheinen weiß. Zwischen den Wirbelkörpern sind Spalten. Dort befinden sich die Bandscheiben, die sich im Röntgenbild nicht abbilden lassen und daher schwarz bleiben. Es fällt auf, dass der Spalt zwischen den Wirbeln an einer Stelle deutlich enger ist. Das sieht nach einem Bandscheibenvorfall aus! Ein Teil der Bandscheibe wurde in den Wirbelkanal herausgedrückt. Da sich im Wirbelkanal aber das Rückenmark und die vom Rückenmark abgehenden Nerven befinden, werden diese nun zusammengequetscht und funktionieren nicht mehr richtig. Deshalb kann Felix nicht mehr richtig stehen und laufen. Es muss schnell gehandelt werden, damit die Nerven nicht dauerhaft geschädigt werden und Dackel Felix hoffentlich bald wieder laufen kann. Es werden noch weitere Untersuchungen gemacht. Dann wird Dackel Felix operiert. Der Teil der Bandscheibe, der in den Wirbelkanal gelangt ist, wird entfernt, damit das Rückenmark dort wieder genug Platz hat. Übrigens: Bandscheibenvorfälle sind bei Dackeln sehr häufig, man spricht daher auch von „Dackellähme". Der Grund dafür ist, dass bei den Dackeln das Knorpelgewebe fehlerhaft ist. Die Bandscheiben nutzen sich daher besonders schnell ab. Auch andere Rassen wie Pekinese, Französische Bulldogge und Beagle sind von dieser Knorpelschwäche betroffen.

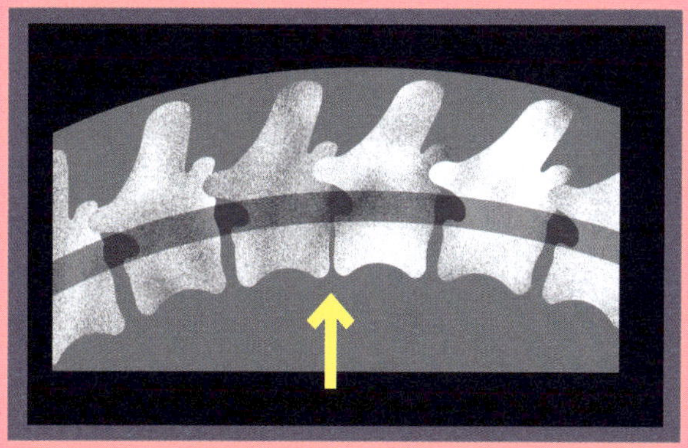

Seiten 48/49:

1. KÖNIGSPYTHON:

Reptil, wechselwarm (Körpertemperatur von der Außentemperatur abhängig), bis zu 180 cm lang, heimisch in West- und Zentralafrika, lebt in tropischen Savannen und Wäldern, hält sich vorwiegend auf dem Boden auf, frisst kleine Säugetiere und Vögel, gehört zu den Würgeschlangen

SPANNEND: EINGEBAUTE WÄRMEBILDKAMERA

Die Königspython hat spezielle Sinnesorgane, mit denen sie wie mit einer Wärmebildkamera ihre Beute erkennen kann. Perfekt für die Dunkelheit!

2. CHINCHILLA:

Nagetier, mit den Meerschweinchen verwandt, etwa 30 cm großer Körper und 15 cm langer, buschiger Schwanz, heimisch in den Gebirgsregionen Südamerikas auf Höhen bis 5000 m, ernährt sich von den Blättern, Wurzeln und der Rinde von Sträuchern, lebt in großen Gruppen mit über 100 Tieren, nachtaktiv

SPANNEND: GUT ISOLIERT

Chinchillas haben ein sehr dichtes Fell. Pro Quadratzentimeter wachsen bei ihnen etwa 20 000 Haare. Beim Menschen sind es nur 100!

3. ZEBRAFINK:

Sperlingsvogel, etwa 10 cm groß, heimisch in Australien, lebt in trockenen Gebieten mit Gras und Büschen, frisst Samen und Insekten, lebt in großen Schwärmen von bis zu hundert Vögeln, sehr gesellig

SPANNEND: ÜBERLEBENSKÜNSTLER

Zebrafinken können wochenlang ohne Wasser auskommen. So sind sie an längere Trockenzeiten perfekt angepasst.

4. SEEPFERDCHEN:

Fisch, je nach Art 1–35 cm groß, lebt in warmen und warm-gemäßigten Meeren (Salzwasser), schwebt aufrecht im Wasser, Schwanzflosse ist als Greifschwanz umgewandelt, Nahrung besteht aus Plankton und Kleinkrebsen, kann seine Farbe ändern, um sich an die Umgebung anzupassen, tagaktiv

SPANNEND: MÄNNERSACHE

Das Weibchen legt die Eier in der Bruttasche des Männchens ab. Das Männchen befruchtet die Eier und brütet sie aus. Bei der „Geburt" werden Hunderte kleine Seepferdchen gleichzeitig aus der Bruttasche geschleudert.

5. TAGGECKO:

Reptil, wechselwarm, bis zu 30 cm lang, heimisch in Madagaskar, lebt in tropischen Wäldern, auf Plantagen oder in Menschensiedlungen, ernährt sich vorwiegend von Insekten, aber auch von Blüten- und Fruchtsäften, kann mit Hilfe von speziellen Haftlamellen auf glatten Oberflächen klettern, Einzelgänger, tagaktiv

SPANNEND: SCHWANZ AB

Bei Gefahr werfen Geckos ihren Schwanz ab. Dieser wächst später wieder nach.

6. SONNENSITTICH:

Papagei, etwa 30 cm groß, heimisch im tropischen Südamerika, lebt in lichten Wäldern, Palmenhainen, Savannen und Halbwüsten, wohnt in Bäumen, ernährt sich von Pflanzen, Samen und Früchten, lebt in Paaren oder kleinen Gruppen von bis zu 10 Vögeln, sehr gesellig und kommunikativ

SPANNEND: STARK GEFÄHRDET

Durch Abholzung der Wälder und den Haustierhandel hat der Bestand an Sonnensittichen stark abgenommen. Es gibt laut Schätzungen nur noch weniger als 2500 Tiere in freier Wildbahn.

7. BARTAGAME:

Reptil, wechselwarm, bis zu 60 cm lang, heimisch in Australien, lebt in Savannen und Halbwüsten, hält sich vorwiegend auf dem Boden auf, sonnt sich aber auch gern auf Bäumen, frisst Insekten und Pflanzen, Einzelgänger, tagaktiv

SPANNEND: BLICK NACH OBEN

Bartagamen haben ein drittes Auge, das auf dem Kopf sitzt und nach oben gerichtet ist. So können sie Feinde aus der Luft schon frühzeitig erkennen.

8. KÖNIGSBOA:

Reptil, wechselwarm, 2–4 m lang, heimisch in Mittel- und Südamerika, lebt in Wäldern, Savannen und Halbwüsten, frisst kleine Säugetiere, Vögel, Eier, Echsen und sogar größere Säugetiere, gehört zu den Würgeschlangen, Einzelgänger, nachtaktiv

SPANNEND: BOA-BABYS

Während die meisten Schlangen Eier legen, bringt das Boa-Weibchen lebende Junge zur Welt. Bis zu 50 Junge werden gleichzeitig geboren.

9. GRÜNER LEGUAN:

Reptil, wechselwarm, bis 2 m lang, heimisch in Mittel- und Südamerika, lebt in tropischen Wäldern, wohnt dort in den Bäumen, ernährt sich von Pflanzen und Insekten, Schuppenkamm und Kehlwamme dienen der Einschüchterung und sollen den Weibchen gefallen, kann seine Farbe wechseln, tagaktiv

SPANNEND: GUTER SCHWIMMER

Leguane können gut schwimmen. Wenn sie flüchten wollen, lassen sie sich auch mal direkt von einem Baum ins Wasser fallen.

10. PANTHER-CHAMÄLEON:

Reptil, wechselwarm, Männchen etwa 50 cm / Weibchen etwa 35 cm groß, stammt ursprünglich aus Madagaskar, lebt auf Bäumen, Hände und Füße sind zu Greifzangen und der Schwanz ist zu einem Greifschwanz umgebildet, so kann sich das Chamäleon gut an Ästen festhalten, kann seine Farbe wechseln, frisst vorwiegend Insekten, hat eine lange, klebrige Zunge zum Beutefang, tagaktiv

SPANNEND: RUNDUMBLICK

Die Augen können sich unabhängig voneinander in verschiedene Richtungen bewegen. So kann das Chamäleon nach Feinden und Beute gleichzeitig Ausschau halten.

11. KÖNIGSNATTER:

Reptil, wechselwarm, 50–200 cm lang, heimisch in Amerika, lebt in trockenen und feuchten Gebieten, ernährt sich von Nagetieren, Vögeln, Echsen und sogar anderen Schlangen, gehört zu den Würgeschlangen, Einzelgänger, je nach Jahreszeit tag- oder nachtaktiv

SPANNEND: ABSCHRECKEND

Die Königsnatter sieht der giftigen Korallennatter sehr ähnlich. So sollen Feinde abgeschreckt werden.

12. AXOLOTL:

Amphib, wechselwarm, gehört zu den Schwanzlurchen, 20–25 cm lang, heimisch in Mexiko, durchläuft keine Metamorphose (Verwandlung), sondern verbleibt im Larvenstadium, bleibt sein Leben lang im Wasser, seine Nahrung besteht aus kleinen wirbellosen Wassertieren, nachtaktiv

SPANNEND: WUNDER-WUNDENHEILER

Axolotl können verlorene Körperteile und sogar ganze Organe wieder komplett neu bilden.

13. SUGAR GLIDER:

Säugetier, etwa 12–17 cm großer Körper und 15–20 cm langer Schwanz, heimisch in Australien, lebt dort vor allem in Akazien- und Eukalyptuswäldern, kann mit der Flughaut an seinen Körperseiten bis 70 m durch die Luft gleiten, sein Schwanz dient dabei als Steuer, ernährt sich von Knospen und Blüten, Nüssen, Samen, aber auch Früchten und Insekten, nachtaktiv

SPANNEND: MIT BEUTEL

Die Sugar Glider sind mit den Koalas und Kängurus verwandt. Wie alle Beuteltiere besitzen die Weibchen am Bauch einen Beutel, in dem die Jungen aufwachsen.

Seite 57:

1: C
2: D
3: A
4: B
5: B

3: A → **Pferde sind Nestflüchter**. Die Fohlen müssen in der freien Natur schnell der Herde folgen können.

4: B → Beim **Maultier** ist die Mutter ein Pferd und der Vater ein Esel, beim Maulesel ist es genau umgekehrt. Pfaultiere und Pferdesel gibt es nicht.

5: B → Auch ein Schimmel (weißes Pferd) hat bei der Geburt eine dunkle Fellfarbe. Die weiße Farbe entsteht erst später, weil der Schimmel mit der Zeit keine Farbpigmente mehr bilden kann. Mit jedem Haarwechsel wird der Schimmel dann heller. **Bis er richtig weiß ist, dauert es etwa 10 Jahre.** Ob ein Fohlen ein Schimmel wird, kann man also kurz nach der Geburt nicht sicher sagen.

REGISTER

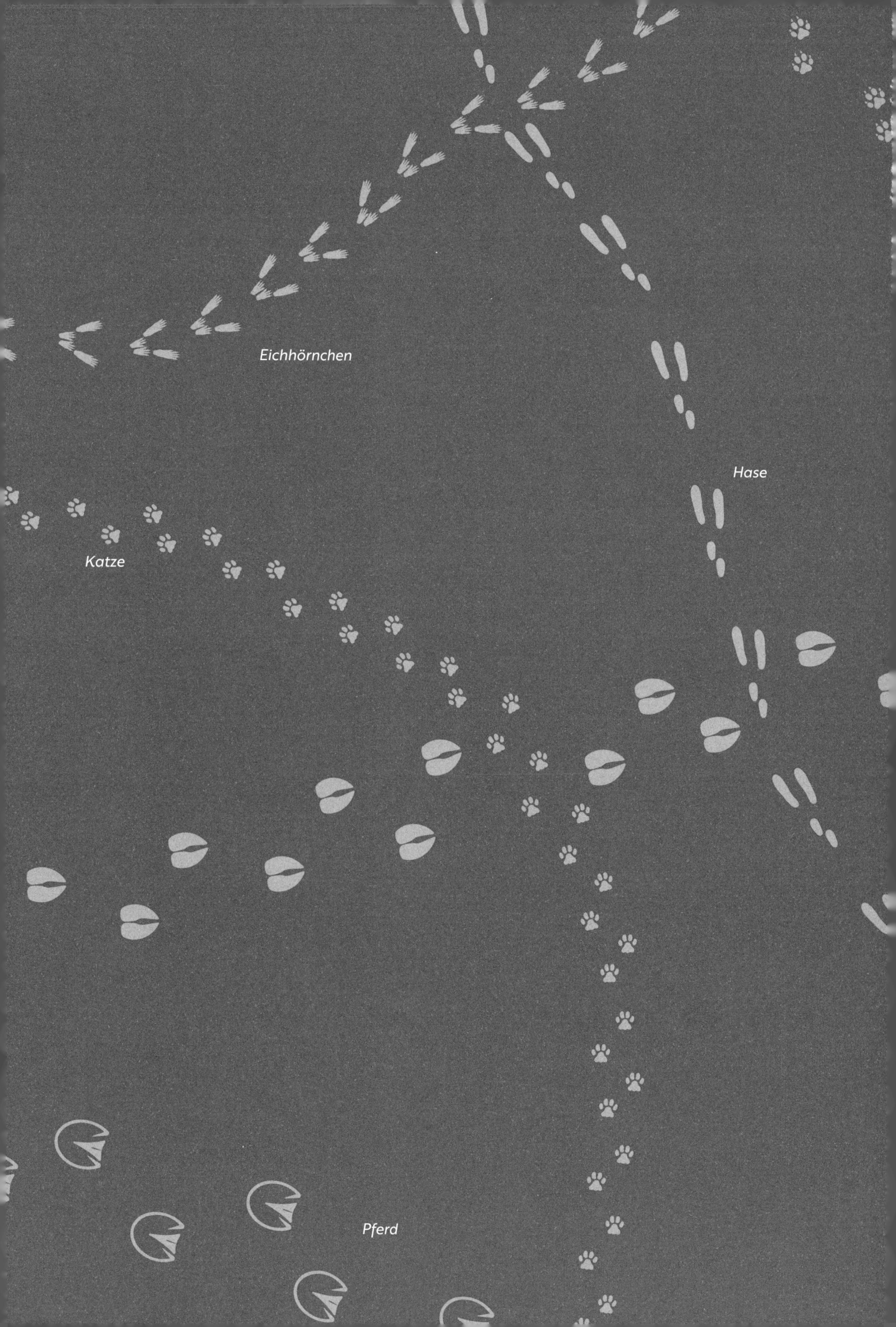
Eichhörnchen
Hase
Katze
Pferd